マニュファクチャー2030 未来の製造業

2030
未来制造业

[日] 松林光男 监修
[日] 竹内芳久 川上正伸 松岛大辅 著
周征文 译

人民东方出版传媒
People's Oriental Publishing & Media
东方出版社
The Oriental Press

前言

本书是对"日本制造业的未来"这一主题的归纳总结。在20世纪80年代,日本凭借制造业这一核心,以"Japan as No.1"为精神口号,拥有世界首屈一指的GDP和竞争力。可如今,日本的GDP已跌至世界第三,综合竞争力也跌至第二十六位(根据瑞士IMD世界竞争力中心的调查数据)。作为知道那个"Japan as No.1"的制造业全盛时期的"过来人","(日本制造业)如何才能重夺世界第一的宝座"是我每天思考的问题。本书汇集了数位涉足制造业领域的学者专家的睿智箴言,对于我引出的上述问题,可谓提供了一种解答。

制造业的竞争力包括产品(硬件)本身的竞争力以及相关服务的竞争力。要想提升这两种竞争力,无疑要靠技术实力。且"硬性技术实力(产品技术实力)"和"软性技术实力"二者缺一不可。前者取决于设计人员、生产技术人员等工程链(Engineering Chain)(研究、开发、生产技术)领域的人才的质与量(质×量),后者取决于供应链(Supply Chain)(计划、采购、生产、销售、物流）的业务推进人员及能够灵活运用IT、IoT（物联网）、AI技术的软件系统人才的质与量。

对日本制造业的期待

为了让日本的制造业重回世界第一，我有如下两点提议：

1. 对于能发挥"自家优势"的经营战略，要积极立项，并强化实施；
2. 在强化硬性技术实力的同时，也要强化"软性的经营改革能力"。

日本制造业具备他国没有的优势，若能在此基础上描绘全球化战略，便能形成他国无法模仿的独特制造业形态。至于何为日本制造业的优势，我认为是"硬性技术实力"本身。为了充分发挥这种实力，就需要打磨上文提到的"软性的经营改革能力"。所谓"软性的经营改革能力"，是指业务改革能力和系统改革能力。

推进软性的经营改革能力，要靠其中的"主角"——IT人才。那么IT人才又在哪里呢？让我们比较一下美国和日本的IT人才比重。在美国，IT企业里的IT人才占30%，而实体企业（包括制造业）里的IT人才占70%。日本则恰恰相反——IT企业里的

IT人才占70%，实体企业（包括制造业）里的IT人才占30%。

此外，大多数美国的IT企业拥有自家特有的解决方案（产品），向客户提供高附加值的服务。与之相对，日本的IT企业多为承接系统搭建等业务的"软件施工企业"。美国的企业经营者将IT视为事业成功的重要战略，其自身也深入参与IT环境的搭建。而日本的企业经营者却往往抱有"交给专业人员即可"的思想，且为了降低成本，经常委托外部公司运营IT部门，导致IT部门沦为帮公司处理事务的"承包商"，公司内相关人才不但专业技能难以进步，而且缺乏与自家公司的系统详情和系统设计相关的开发经验，最终引发人才的"空洞化"。

据预测，到2030年，日本的IT人才缺口恐怕会高达80万左右。若放任不管，日本制造业的软性经营改革能力便无法提升。在我看来，日本企业的当务之急是招募、培养和强化自家的IT人才。

对于作为"当事者"的各位IT人才，我想说：你们才是主角。在分析IT业界的《2018年IT人才白皮书》的开头部分，有这么一段话："IT人才们，你们要成为Society 5.0的主角！实现光明未来的重任就在你们肩上。在变化加速的今天，已没有踌躇停留的时间。就从现在起，立刻迈步向前吧。"

4 大战略

虽说本书指明了今后制造业的方向，但这并非是让所有企业都必须完全照搬一样的路线。我希望各企业从自身情况出发，制订与自身相适应的战略。故提出以下 4 种战略雏形。

第一或唯一战略

凭借产品（硬件）本身的竞争力以及相关服务的竞争力逐鹿世界市场。比如在小型电机领域位列世界第一的日本电产、在陶瓷电容器领域位居世界第一的村田制作所、在直动式系统领域占据全球市场半壁江山的 THK、提供世界顶级工厂内部搬运系统的 Daifuku 等企业。

顺应潮流战略

顺应 IT、IoT、AI 等数字化转型（Digital Transformation）的时代潮流，以"工程链""供应链""智能工厂"为课题，开展持续性改革。比如工程机械制造商小松集团的 KOMTRAX（Komatsu Wireless Monitoring System，小松无线监控系统），其通过预测故障及无人驾驶等智能化建筑技术（Smart Construction）提升了附加价值，可谓成功典型。

并购与合作战略

该战略的近期案例包括丰田与软银（Soft Bank）的共享汽车合作项目、丰田与松下的电池业务合作项目及合资公司的设立等。

全球战略

本书尤其关注"全球地区性战略"，故特邀长崎大学的松岛大辅教授撰写了相关内容。他曾在印度和泰国长期居住，并担任过两国的政策顾问，相关经验丰富。

本书致力于制造业领域的"软性技术实力、IT改革能力的培养"，若能对各位读者有所帮助，则是本人及全体作者共同之喜悦。祝各位读者事业顺利，前程似锦。

2019年2月

WAKU咨询公司松林光男

目录

第1章 全球化制造业的课题及战略

1-1 制造业相关课题与战略方向 /003

1-2 能在全球化中胜出的事业制造战略 /010

1-3 助力企业胜出的全球化经营管理 /022

1-4 制造业与ICT协作的轨迹与展望 /031

1-5 支撑"胜出战略"的全球化ICT战略 /043

第2章 全球化制造企业的未来形态

2-1 全球化工程链战略之整体战略与管理 /057

2-2 全球化工程链战略之灵活运用数字技术 /069

2-3 全球化供应链战略之整体战略与生产·销售·库存计划战略 /078

2-4 全球化供应链战略之生产实施型战略 /091

2-5 全球化资源管理战略 /101

第3章　全球化工程链的未来形态

3-1　全球化制造业的难题与成功法则　/113

3-2　全球化制造业设计变更管理的理想形态　/122

3-3　全球化制造业品目编号管理的理想形态　/129

3-4　大牌全球化制造业企业的开发设计管理系统（IPD）/138

3-5　大牌全球化制造业企业的品目编号系统　/149

3-6　智能全球化工程链2030　/156

第4章　全球化供应链的未来形态

4-1　全球化制造业的难题与成功法则　/163

4-2　全球化SCM的理想形态　/172

4-3　全球化SCM中心的理想形态　/181

4-4　全球化MRP的理想形态　/189

4-5　大牌全球化制造业企业的全球化MRP系统　/198

4-6　智能全球化供应链2030　/206

第5章　全球化智能工厂的未来形态

5-1　智能工厂的难题与成功法则　/213

5-2　智能工厂的理想形态　/220

5-3　智能工厂的人员管理　/229

5-4　智能工厂的物件管理　/236

5-5　智能工厂的设备管理　/243

5-6 次世代智能工厂2030 /250

第6章 全球化制造业的地域战略

6-1 落后于全球化信息革命的制造业 /259

6-2 基于"地缘政治学"的数字时代制造业世界战略 /265

6-3 从"日本的工厂"转型为"世界的初创企业练武场" /270

6-4 网罗全球化人才 /283

6-5 利用"数字化风口"的全球化制度构建战略 /289

6-6 如何行动，结果如何？ /302

监修者简历 /306

作者简历 /308

译后感 突破桎梏，实践转型 /312

第 1 章

全球化制造业的课题及战略

1-1　制造业相关课题与战略方向

企业所处的环境

在进入 21 世纪后的 20 年间，在企业全球化经营领域，有一些"高频关键词"反复在国内外被提及，现摘录归纳如下。

社会：少子老龄化
　　　节省能源、环境对策、企业社会责任（CSR）
　　　限制放缓
　　　奥林匹克景气
市场：电子商务和消费者力量
　　　价格破坏
　　　重新利用、回收利用
　　　大量召回
动向：全球化

企业并购

当地生产当地消费和空洞化

公司治理

国际：中国·亚洲的发展

广域贸易圈构想

国家风险（Country Risk）

本国第一主义

上述关键词皆与制造业相关，但最为息息相关的可谓"电子商务和消费者力量"。如今，消费者能够获取的信息的量和质都大为提升，这使得消费者的话语权也日益提高。随着互联网的普及，"比较商品"和"评测商品"的风潮席卷世界。对厂商而言，如何在日常生产中关注品质、避免恶评等口碑危机就变得日渐重要。在这样的大环境下，要想获得消费者的信任，企业不仅要提供富有诚意的产品，还要积极发声，与消费者进行交流沟通。

通过直接金融（Direct Finance）[①]，一旦企业从市场获得的资金增加，企业市值便会水涨船高，从而满足股东的期待，这使得"如何生出现金流"成为关注的焦点，进而使"如何提升资产回报率和股本回报率等资本率"成为企业的着力点。

---

① 直接金融是指资金盈余部门与资金短缺部门分别作为最后贷款者和最后借款者直接协商借贷，或由资金盈余部门直接购入资金短缺部门的有价证券而实现融资的金融行为。股票市场和债券市场是直接金融市场的代表。——译者注

此外，由于进入了"全球化物流"的时代，一旦在开发产品时出现"伪造生产检验数据"等行为，就会增加"大量召回"的风险。因此强化"企业内部服从机制"就变得日益重要。尤其是全球化企业，更需要跨越国家和文化的"企业管理机制"。此外，在节省能源、环境对策、企业社会责任等方面，企业也被要求有所作为，从而贡献社会。

在"少子老龄化"社会，能够生产"满足消费者细分化需求"的产品的企业方能存活。而在全球化企业，通过对各业务的筛选、分类和聚焦，业务被分为"自家业务"和"外包业务"，而从中派生出的战略性 M&A 和同盟也并不少见。不仅如此，作为与之联动的模式，以"当地生产当地消费"为目标的生产经营点及工厂的选址战略亦在推进。

制造业的软件化

在这样的趋势下，制造业正在经历第三次工业革命，向软件化迈进。产品的生命周期变短，与生产制造相比，产品的竞争力更取决于开发和设计。如今，有不少企业已采用名为"无工厂"（fabless）的商业模式，即企业只专注于开发设计，将生产全部外包。其典型便是手机厂商，它们致力于开发友商一时效仿不了的尖端产品，然后委托手机代工厂以较为低廉的价格大批量生产。

此外，制造业还衍生出各种专业服务。在对第三次产业化的预测中，便有"出现高附加值服务"的内容。比如将模具制造和NC数控的相关知识技能转换打包成程序并对外出售的服务产业，已经成为现实。不仅如此，有的企业已经在将自家开发出的硬件和软件打包成整套生产系统，并进行销售。

接单生产促成的"交货期（LT）缩短"

还有一个大趋势，那便是"工厂成为供应链网络中的一个节点（node）"。所谓"节点"，就如同中转中心，产品在其中只作短暂停留，因此所需的只是简单的保管和重装。鉴于此，工厂便需要在较短的交货期内完成客户的订单。在该情况下，倘若储备大量库存，就无法在重视现金流的现代企业竞争中存活。为了解决该问题，"接单生产"可谓另一种手段。

"西服定制行业"可谓接单生产的代表，其能够针对顾客需求提供产品，但交货期过长的缺点不可避免。如能缩短LT，便能提升商品竞争力。鉴于此，大幅投资工厂乃至供应链，从而力图实现"即刻交货"的趋势已逐渐席卷全球。而在该过程中要注意的是"如何调节交货期和库存"，这可谓厂商永恒的课题。如图1-1所示，关键要明确自身定位，以及对自身最为有利的战略方向。

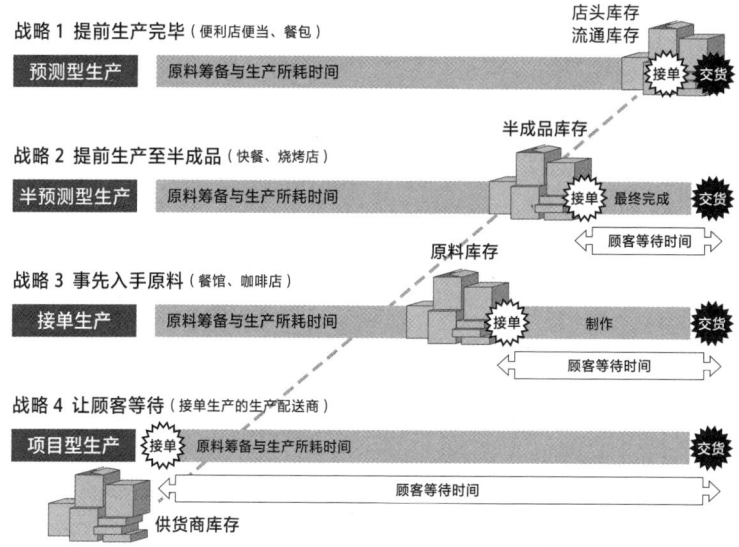

图 1-1　接单生产方式及库存情况

哪怕从企业活动中的"效率化"角度出发,"缩短针对接单生产的 LT"亦很重要。丰田公司的 Just in Time 生产方式（简称 JIT）,便是该机制下催生出的效率改善对策。在该目标驱动下,生产灵活性得以提升,"排除浪费活动"亦得以推进。

制造业的全球化

日本的制造业全球化发展始于海外据点的设置和海外销售网的搭建,其目的在于提升销售额。而第二步行动则是"推进制造业的全球化",其包括以追求成本竞争力为目的的"低成本地区进驻"、基于"综合本土化"的当地生产当地消费战略、以规避国家风险和确保基建设施为目的的海外投资等。虽然出发点和思维方式各异,但对日企而言,"海外设厂"已成为其全球化战略中不可或缺的一环。

一旦推进到海外设厂这一步,接下来就要考虑服务备件(Service Parts)的供应和部件的采购问题。如果企业已有部件的全球采购战略,则必须考虑如何将设厂地区整合进该战略之中,即"部件的本地化采购调度"。

至于产品的海外销售,起初是依靠"Made in Japan"的品牌力进入新市场,但随着后续跟进企业的追赶,就需要投入新产品、制订新的定价战略。此外,若能紧密贴合当地实际情况,在产品开发层面实现差异化,则开发团队的"本土化"亦不是梦想。

基于"本土化"的全球化可谓如今的大趋势,但日本制造业常用的是"以亚洲为试验田"的全球化战略。由于日本商品自身有优势,再加上生产成本的降低,的确可谓合理的推进策略,但发展中国家一旦步入正轨,就会加速成长。为此,日企需要持续关注薪金上涨、人才确保等事关营商环境变化的问题。

此外,亚洲的许多国家本身抱有"向日本学习"的意愿,因此即便将日本国内那一套照搬,也能保证较高的成功率,但在亚洲之外的国家则不尽然。比如欧美国家,由于文化和经济结构的差异，日企在这些地方开展业务时，很多时候并不能以亚洲为参考。换言之，日企要警惕"凭借'亚洲经验'来实现全球化"的思维误区。

反观欧美企业，它们的全球化战略放眼于全世界，针对不同地域的据点，思考具体开展何种业务、如何开展，从而创造协同效应（Synergy Effects）。即"高瞻远瞩""理性冰冷"地实践"筛选"和"专注"。然后作为全球化战略的一环，它们在各据点实施销售、开发、生产和采购。而日本制造业往往基于"综合技术"来构思战略，因此对于欧美企业这种"理性冰冷"的战略或许难以适应，但对于它们值得学习和借鉴的地方，日企还是要积极地"为我所用"。

而"M&A"（企业并购）"则是与"本土化"截然不同的全球化推动方式。其还包括资本合作及业务、技术合作等形式。其目的众多，包括扩大业务、全方位弥补自身业务短板、多角度扩张等。若收购已在全球各地拥有众多据点的海外企业，其实现全球化的速度自然比自己去海外设厂要快。

不管采用何种方式，全球化都会催生出新课题。企业既要尊重员工作为独立个体的人格，又要实现高层次的"信息系统联动"，这绝非易事。要在这样的状况下实现企业的治理和管理，的确不是日本制造业的擅长之处，但日企必须在推进人才培养的同时，灵活运用数字技术，从而不断战胜困难。

1-2 能在全球化中胜出的事业制造战略

简明、快速、合作

在软件化、全球化这两大奔涌的世界潮流中，制造业又该制订何种制造战略呢？

对制造业而言，最为理想的业务开展模式是"基于技术"，开发首屈一指的产品，趁竞争者还来不及效仿时大举占领市场，增加产量、降低成本，形成进一步扩大份额的"良性循环"。这种"全球 No.1 战略"被规模各异的日企广泛应用。有的日企即便无法实现这种理想化的模式，也会在限定的市场内采取行动——或力争第一，或以挑战者和跟进者的身份追赶第一，或瞄准独特的细分市场以求得生存。总之，其竞争形式十分多样。

像这样的业务战略课题绝不简单。而要注意的是，制造业的战略当然离不开"制造"本身。因此，从事制造业的日企需要回归初心，思考最为根本的关键点。

制造类企业在刚成立之初，一种产品往往都是在一家工厂里被生产出来的。那时候，组织也好，沟通也好，生产计划也好，想必极为简明扼要。且做事灵活机动，产品开发和生产活动亦迅速及时。一旦客户或市场有任何动向和变化，也能灵活应对。如今，其中一些即便成长为全球化企业，在全世界拥有多个据点，在海外大力设厂，一旦被问及"何为（制造业）的理想形态"，我希望它们依然能记起当初创业时的情景，并回答道——"简明、快速，且能够开展合作的组织"。

能被称为"全球化企业"的公司，要向全世界提供产品，并在全球多处设有据点和工厂，且招募全球各地的人才，并在全球范围内进行部件的采购调度。在如此多元化的经营环境下，企业依然必须开展沟通，有效管理，并切实实施PDCA循环[①]。这与创业初期的"简明"大相径庭。在这样的大环境下，"如何与利益相关者合作"便成了关键。庞大的组织，相隔甚远的距离，无法消除的时差……在这样的客观现实下，"如何有效协作"显得十分重要。

总之，即便是全球化制造业，其理想形态依然不变，即实现"简明""快速""合作"。至于为此该如何做，则正是我希望在本书中阐明的内容。

---

① PDCA 循环将质量管理分为四个阶段，即 Plan（计划）、Do（执行）、Check（检查）和 Act（处理）。——译者注

强化竞争力与速度的重要性

凡是企业，皆追求"快速决策，迅速研发，及时回本"的业务运营方式。不管是否开展全球化业务，这种理想的本质是相通的。换言之，即便是全球化企业，这套原理原则也是通用的。在全球范围的"擂台"上，如果能先对手一步出招，则胜算自然会变大。

要想缩短从着手开发至回收投资的时间（获利时间，Time to Profit，TTP），关键要缩短从着手开发至产品销售的时间（上市时间，Time to Market，TTM）。而在进入量产阶段后，如何迅速提升产能和销售量，则可谓一场"与时间的赛跑"。

比如，在新产品的发售日，把顾客对该产品的认知度刺激至最高点，然后接下去一鼓作气提升销售量，从而在短期内获得第一的市场份额。这种名为"垂直快速起步"的方式是企业扩大利润的手段之一。这需要销售部门在产品开发阶段便参与其中，将销售标兵、销售网络、宣传推广方法等全体销售促进体制以"垂直快速起步"的方式带动起来。此外，让产品退市的时机也十分重要。这样的决断虽然很难，但不再创造利润的产品必须尽快"终结"（End of Life，EOL），从而确保产品利润最大化。（图1-2）

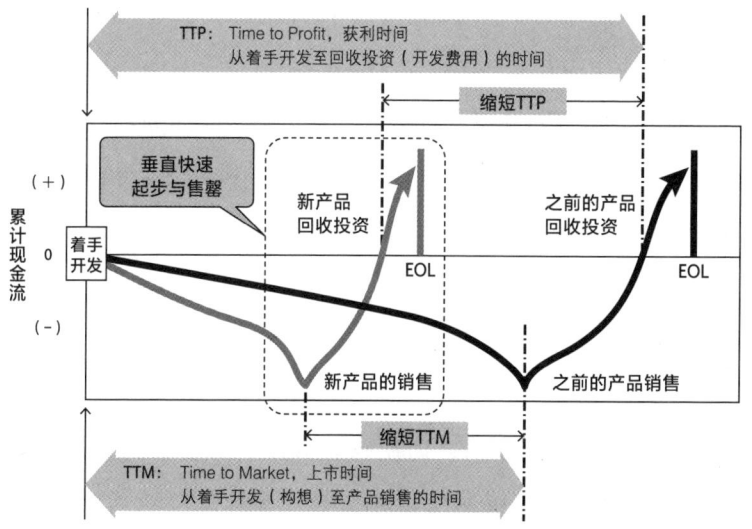

图 1-2 以"缩短销售 LT"为目标

全球化制造业要想追求速度,"网络"是个好帮手。随着相关基建和云计算的进步,全球化企业曾受到的束缚不断得到大幅解放。

以沟通为例,得益于企业内"团队交流软件"的进化,通过对电邮、电话会议、电视会议、网络会议等工具的应用,企业能与全世界的人进行实时沟通,无论何时何地。若运用得当,便能开门见山地直接专注于业务话题,且能避免当面交谈时的摩擦(譬如因文化或教育差异,导致听话者对说话者的态度和语气不满等)。

此外，网络的发展还把原本不利的时差"为我所用"，提升了全球化协作的效率。这在如今已是稀松平常，比如不同国家和地区的分公司建立共享文件夹，日本总部、欧洲分部、美国分部便可利用时差，以"接力"的方式协同完成一项业务，这可谓典型。

拉近与世界市场的距离

只要灵活运用网络，即便顾客分散在世界各地，通过开展网上问卷调查和用户反馈收集等"直接营销活动"（Direct Marketing），便能迅速掌握世界各国市场的实际情况。此外，以网络为载体的新型营销手段层出不穷。比如通过电子优惠券等将顾客引至实体店铺的 O2O（Online to Offline）、让顾客能够比价的展厅现象（Showrooming）[①]、跨越销售渠道区隔的全渠道零售（Omni-Channel Retailing）、由消费者作为发声主体的网红（或者说网络意见领袖）现象、针对销售者的特定兴趣点发送有用信息的集客营销[②]、通过长期观察等手段来收集丰富的定性信息的行为观察调查（Ethnography）等。电子商务以全球市场为对象，直接进行广告投放和商品销售，获得了进行 3C（Customer 顾客，

---

① "展厅现象"是指在实体卖场对有意向的商品进行体验，然后再上网搜索以最低价进行购买的现象。——译者注
② 集客营销，即"Inbound Marketing"，它是一种"关系营销"，营销者以自己的力量去博得顾客的青睐，而非以传统的广告方式去拉顾客。——译者注

Competitor 竞争对手，Company 企业）分析所需的最新信息，使世界市场变得近在咫尺。

至于营销活动的概念，从之前"以产品为核心"的"营销1.0"，发展为"以消费者为核心"的"营销 2.0"，再到如今备受瞩目的"以价值为主导"的"营销 3.0"。该 3.0 概念着眼于社会，聚焦于社会责任、社会贡献和社会利益。以"让世界更美好"为目的，凭借"新浪潮"（New Wave）技术，旨在通过消费者和企业间的协作，来创造新价值。

如何在全球化格局下恰当且迅速地推进这样的行动，则是胜负的关键所在。通过灵活运用 SWOT 战略分析法[1]，实施"筛选"和"专注"。而"如何迅速及时地将产品战略付诸实施"则是企业竞争力的原点所在。比如"自家的 R&D（研发）课题中，有没有能较早实现产品化的""鉴于市场调研信息和投资组合矩阵（Portfolio Matrix），能否将自家的技术及其他优势产品化"……这些都是迅速实现产品化的重要议题。

积累和运用全球化客户信息

至于通过市场调研所获的信息数据，对其如何管理亦很重

---

[1] SWOT 分别代表 Strengths（优势）、Weaknesses（劣势）、Opportunities（机遇）、Threats（威胁）。即通过对被分析对象的优势、劣势、机遇和威胁等加以综合评估与分析，从而得出结论。——译者注

要。要把收集的数据进行整理和积累,并做到在需要的时候,以需要的量,提取需要的信息。与生产现场的5S[①]的情况类似,在该方面,许多开展全球化业务的大企业,却意外地没做到位。

接单信息必须及时反映在生产部门的生产计划中,而诸如市场投诉和服务件供给等信息,也必须畅通地在企业的各部门之间共享。此外,只要是客户的订单和要求,即便是跨越国境的信息,也必须做到及时反馈和共享。

销售部门是接收客户订单的窗口,也是交货时的最终责任方。而辅助销售部门的系统便是"客户管理系统"(Customer Relationship Management,CRM)。搭建该系统的目的基于全球化战略,具体包括获得客户、提升客户满意度、维持客户关系、提升销售活动效率等。其功能涵盖对客户信息的一元化管理、对与客户之间的通信内容和交易历史的一元化管理、对服务和市场投诉记录的一元化管理、对集客活动计划及相关绩效的管理,以及电子商务功能、自动交易功能、呼叫中心功能等。该系统能够实现全球范围内的客户信息共享,并协助销售部门迅速应对客户的要求。

[①] 5S即整理(SEIRI)、整顿(SEITON)、清扫(SEISO)、清洁(SEIKETSU)、素养(SHITSUKE),其又被称为"五常法则"。——译者注

经营活动提速化的重要性

上面阐述了在全球化的企业环境和前提之下,何种战略具备价值。而在该环境下,制造业的经营活动面临两大课题——"决策迅速化"和"实施提速化"。

决策迅速化

全球化企业需要迅速及时的管理循环。判断或行动稍有迟缓,便可能造成损失,而损失的影响也会急剧放大。不管是长期、中期,还是短期的时间跨度,经营的根本都是 PDCA 循环。因此,企业应该设定从高层至基层的合理经营管理指标,以年度、半年度、季度、月度、周度乃至日度的频率及时跟进,并及时做出决策。

而要想实现决策迅速化,优化沟通是关键。全球化企业要想完善沟通机制,就需要完善信息交换的基础建设,从而灵活运用团队交流软件和 IoT;以及完善全球化的综合数据库。此外,还必须以业务、功能、地区和国家为坐标,对相关的组织分工进行整合。

实施提速化

另一课题则是在变化和变革面前的应对速度。在基于市场需求的企业内,销售部的组织分工往往包括市场调研。通过调研来及时听取和分析市场与顾客的心声，从而在竞争中抢占先机。这样的机制和网络在企业内普遍存在，可一旦要进入一个陌生国家的市场，就还需要迅速应对其国家风险、法规差异、基建差异、语言差异和风俗差异等。

在实施 M&A 后，不同的企业并为一家。此时，如何尽快改革及融合经营机制和企业文化，便成了"应对变化"范畴中的重要一环。需要铭记的是，日本企业之间兼并后常常采用的"两家互相摊派职位"的做法，在全球化的企业兼并中是完全行不通的。

触及风俗和文化的企业改革耗时耗力，如何选择推进改革的领头人是关键。这样的工作要求头脑灵活、广泛求助，并能处理堆积如山的课题。此外，还需要具备与公司高层价值观一致的宏观视点（兼顾企业全体的视角），并拥有以身作则的素养。若具备上述能力，则完全不需要执着于当下的职位。反之，若在起步阶段便受阻受挫，则改革只能沦为空谈。

缩短业务 LT

再把视线转到制造业务本身，其两大生命线是工程链和供应链。如何提速它们，可谓重大课题。在位于这两大"链"交点处的"生产"环节中，基于精益化生产（Lean Production）的"彻底消除浪费"和"缩短生产 LT"等改善活动一直在持续。（图1-3）

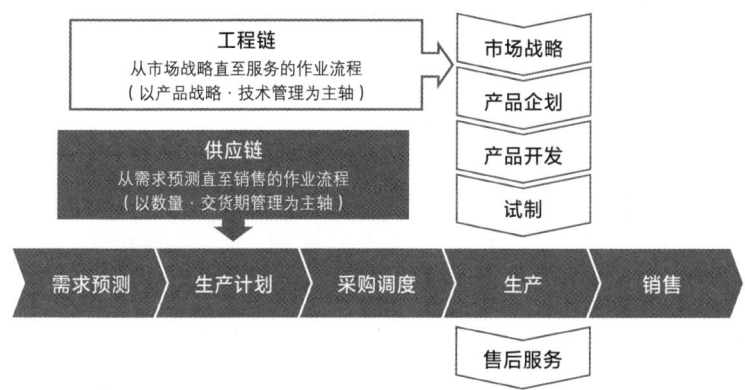

图 1-3 工程链和供应链

工程链

被称为"工程链"的一系列作业包括产品企划、产品开发和设计、试制、测试、生产准备。除这些外，本书还把用于售后服务和停售产品的零配件置备供给也算在工程链之中。

通过工程链开展的管理行为被称为"工程链管理"（ECM），其除了以缩短开发 LT 为目的外，还有如下效果：

· 迅速将新品投入市场，从而提升顾客满意度
· 缩短成本回收的周期，从而确保研发新品的资金
· 迅速应对市场动向，从而拓展商机

把"缩短开发LT"作为战略武器，从而保持自身"业内领头羊"的地位。不管在哪个行业，企业经营层往往都有这样的强烈愿望。

供应链

供应链内的作业包括接单、生产计划、部件采购调度、生产实施、销售物流。此外，与维修零件相关的服务也属于供应链范畴。

通过供应链开展的管理行为被称为"供应链管理"（SCM），其除了能缩短LT外，还能为企业竞争带来如下优势：

- ·缩短交货期，从而提升顾客满意度
- ·灵活运用缩短LT所带来的好处，从而拓展新业务
- ·迅速应对市场变化，从而拓展商机
- ·削减库存，从而改善现金流状况
- ·改善作业流程，从而提升企业管理水准

上述两大"链"具体为何，简明、快速、合作的理念又如何推进？对此，笔者会在第2章阐明，并在第3章、第4章以引用具体事例的方式探讨其效果。

精益生产

"精益生产"的概念在20世纪80年代被提出。当时，美国的学者专家对日本汽车产业的生产方式（主要以丰田生产方式为代表）进行研究，并将研究成果体系化，于是便有了"精益生产"这个概念。精益生产的目标是消除生产流程中的无谓浪费，并建立覆盖产品及整个生产流程的"成本削减系统"。其着眼于物料物件的"流动"，从而杜绝浪费，不断改善，最终缩短生产LT。具体来说，其基于价值流（Value Scream）的视角，审视各道工序，将其中的活动分为两种——"为顾客创造附加价值的活动"和"不为顾客创造附加价值的活动"，进而消除后者中潜藏的浪费，从而缩短LT并削减中间库存。

精益生产是本书第5章提及的智能工厂的重要前提，因此会在那一章中详述。

1-3 助力企业胜出的全球化经营管理

全球化经营管理的基本条件

全球化企业需要在尊重各种"多元化"(包括性别、国别、宗教、文化和语言等方面的差异)的同时,有效实施管理。对此,有以下5个"管理的基本条件"。

(1)愿景与任务

企业价值观是员工的寄托,也是员工自豪感的来源。而愿景与任务在树立价值观方面发挥着重要作用。在全球化企业工作的人才,其往往把当下的工作视为自身职业规划中的一环,所以自尊心也很强。因此作为企业,要让员工理解企业"造福于社会"的崇高使命感,从而激发其主观能动性。这点不可或缺。

（2）交流沟通

在必要的时候，能够全方位地开展交流沟通，这也是企业必须建立的基本机制。为此，利用数字网络技术已是必须。从手机、电邮等个人级工具，到网络会议、TV 会议、电话会议等企业级工具，皆需齐备。此外，自动翻译技术在近年来突飞猛进，一旦投入使用，也能成为有力的"武器"。

（3）KPI[①]

哪怕是开展全球化业务的企业，为了管理公司和工厂，也会逐层设定管理指标，从而实施 PDCA 循环。至于"在何处设定何种 KPI，如何及时跟进和行动"等管理问题，与国内规模的企业相比，全球化企业的复杂程度完全不在同一量级，因此完善到位的 PDCA 显得尤为必要。此外，要想管理好多样化的人才，关键要明确实施责任，并确立与业绩评价相挂钩的机制。

（4）管理与服从

既然员工多样，那价值观自然也呈多元化。日本人认为"当然不可以做"的举动，一些发展中国家的人也许会认为"做又何妨"，这样的例子要多少有多少。这种价值观的不同所导致的思维方式的不同，便会使员工的服从程度不一。而确保服从环节

---

① Key Performance Indicator，关键绩效指标考核法。

"不掉链子",便是全球化企业管理的优先课题。为此,需要明确全球化范围的指示命令机制,切实构建全方位的核查体制,并保证其发挥作用。

(5)全球化与本土化

通过全球化所统一的标准化部分,基于本土化而放权给各地分公司的部分,如何明确区分二者的泾渭,亦是十分关键的课题。从宏观讲,即"组织职能分担"及"权限分配"的问题;从日常讲,则包括"报告对象""发生问题时的汇报、联络、请示"等事项,可谓涉及方方面面。不少企业由于相关环节的模糊不清,导致不必要的混乱。尤其是采用"分散型管理"的企业,需要通过相互审核的方式来杜绝沟通和管理中可能出现的空白和盲区。

全球化企业的管理

图1-4是制造业管理的整体图示。经营管理的范围从企业高层至主要的"功能性部门",还包括诸如设计开发、生产管理、制造管理等与实际生产相关的功能环节。在全球化制造业中亦是如此结构。而在搭建信息系统时,此可为雏形。

在开展全球化制造业的经营管理活动时,要把握的大方向是"着眼于整体的明确决策"及"施策执行的迅速及时"。

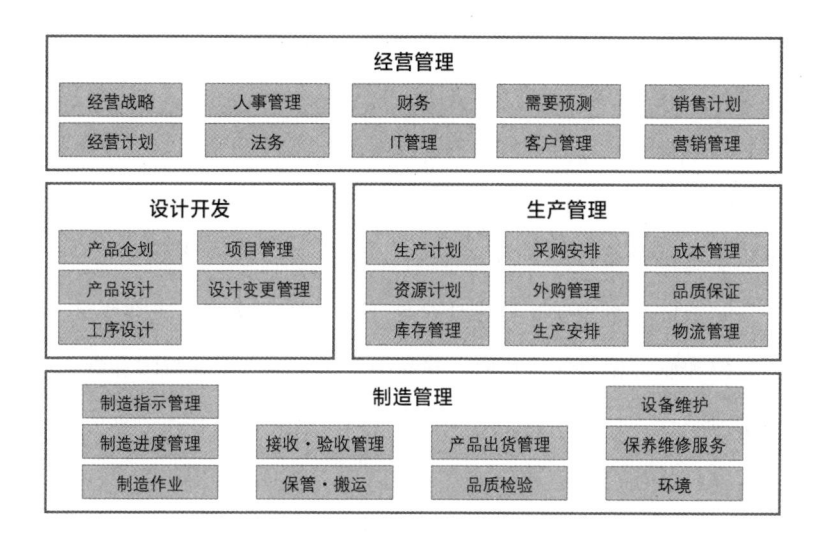

经营管理				
经营战略	人事管理	财务	需要预测	销售计划
经营计划	法务	IT管理	客户管理	营销管理

设计开发		生产管理		
产品企划	项目管理	生产计划	采购安排	成本管理
产品设计	设计变更管理	资源计划	外购管理	品质保证
工序设计		库存管理	生产安排	物流管理

	制造管理			
制造指示管理				设备维护
制造进度管理	接收·验收管理	产品出货管理		保养维修服务
制造作业	保管·搬运	品质检验		环境

图 1-4 制造业经营管理的整体图示

一般的经营计划包括长期的和中短期的，各计划分别制订，然后经营管理部门对设定的目标进行跟进追踪。而公司和生产经营点上报的诸项财务报表（资产负债表、损益计算书）以及基于它们所计算得出的公司的成长性、收益性、安全性、生产性及竞争力等指标，则都会归为经营管理层面的 KPI。

成长性 ← 销售额增减率、营业利润增减率

收益性 ← 总资产利润率、销售额营业利润率、现金流

安全性 ← 速动资产比率、负债资本倍率、固定资产比率

竞争力 ← 市场份额、EBITDA[①]、设备投资规模

从某种意义上来说，这些 KPI 是表示最终结果的数字。而从"提速"的视角来看，的确应将管理的细度从半年度提升至季度，再从季度提升至月度。但倘若仅此而已，则"及时实施 PDCA 循环"的条件并不完备。要想让全球化管理稳定落实，关键要赋予与职位和职责相称的目标值，并赋予付诸实施所需的权限和责任。对于习惯于"契约社会文化"的欧美人，这种管理方式十分重要。

此外，还应将职务分担、裁决权限等责任和权限以正式文本的形式加以规定，并在赋予目标时做到诸如"上下级之间充分沟通"等。值得注意的是，日本的制造业习惯于"众人以道德素质自觉配合协作"，因此存在不少权限和责任的"模糊地带"。

全球化人事管理

在全球化规模的企业中，作为人事（HR）管理对象的员工数量众多，从几千、几万甚至到几十万。此外，如前面所述，员工的思维方式和文化习惯多样化。鉴于此，HR 首先应发挥的作用是"辅佐高层，制订管理框架"。

前面阐述了几个方面的重要性，包括"设定任务和愿景，明

---

① EBITDA 是 Earnings Before Interest, Taxes, Depreciation and Amortization 的简称，意为"税息折旧及摊销前利润"。——译者注

确企业价值观，从而让员工有寄托和自豪感""构建在必要时能够全方位沟通的体制""设定覆盖各层级的 KPI 和 PDCA，从而管理子公司和各工厂""要建立不留纰漏的全球化企业治理机制"。除此之外，通过运用 ICT（Information and Communication Technology，信息通信技术）工具让员工做到"矢量一致"亦很重要。

不仅如此，如前所述，通过将职务分担、裁决权限等责任和权限以正式文本的形式加以规定，并以"业务""功能""地区"为3大主轴，实现组织的平衡性与整合性，也是十分重要的课题。（图 1-5）

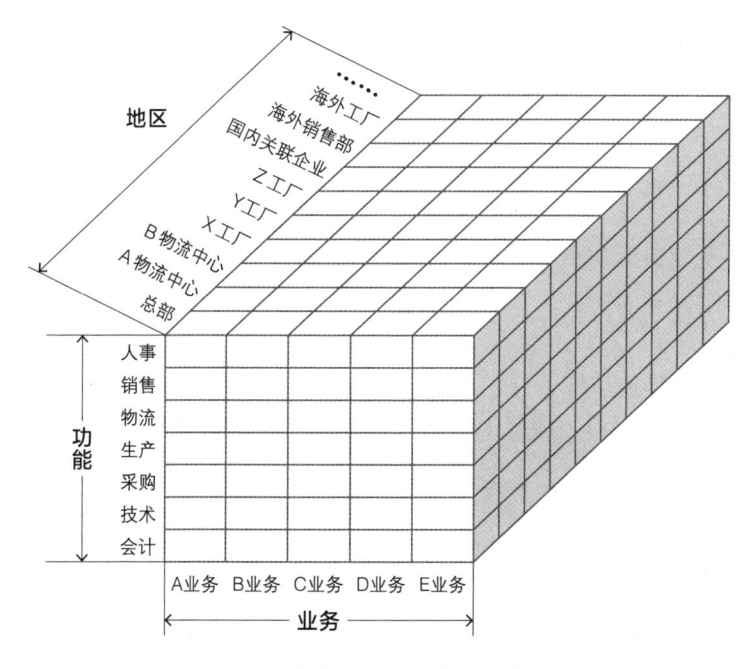

图 1-5 全球化组织设计的"3 大轴"

组织设计是个取舍的过程，不管如何区划，都会"一长一短"。因此，"如何平衡"是体现设计者水平的重要表现。主流方法是以"业务"为主轴，然后在此基础上添加"功能"部分。比如将全集团通用的功能设在总公司的总部（HQ），顺着"业务主轴"添加"功能旁轴"。这种方式在从事不同行业的企业中各有差异，但总体上都会将人事、财务、ICT等总务部设在总公司，作为管理整个集团的中枢。对于实际业务员，往往会按照业务或地区进行整编。在供应链中，常常将销售、品质保证、采购等涉及整体战略及管理团队的部门设在总公司，而将实际业务员置于业务部。至于开发设计、生产管理、生产技术等环节，基本也归属于业务部。在该模式下，在与生产制造相关的生产经营点或工厂中，掌管人事、财务和ICT的负责人便是大区经理，统管工厂生产制造活动的负责人便是总公司生产负责人，而业务部门的统管便是业务总部。可这样有时会导致管理难度的增加。

　　全球化制造业的组织设计不断受到数字科技进步的影响。由于网络的发展，通过灵活利用PC、平板、智能手机，即便在家中或外出时，员工也能处理工作事务。通过"在家办公"和"卫星办公室[①]"（Satellite Office），员工能够做到随时办公。这也是支撑日本推进"工作模式改革"的有力手段之一。

---

① 针对业务员等需要外出的工作人员无法及时回公司处理事务的问题，公司在城市和近郊等地区通过租用公寓房间等方式建立零星办公场所的解决方案。——译者注

纵观在该领域先行一步的一众欧美系全球化企业，其不少员工都在家办公。"上司和同事分散在世界各地"的情况亦不稀奇。即便员工遍布海外，只要将网络会议的时间设定在日本时间的晚间，便能和早起的美国同事以及刚过中午的欧洲同事发起全球线上会议。由于这种工作方式的进化，构建组织时的制约得以减少。

而在人事考核方面，通用制度的导入也在推进中。比如源于美国企业的主流考核评价法"3段9格价值评估矩阵"和广泛运用于全球的"员工潜在能力评估机制"等便是典型。在这些"高多元化"的全球化企业中，一旦涉及人事考核，无论是考核方还是被考核方，其价值观或许都有较大差异，因此倘若沟通不到位，便容易发生不必要的摩擦。鉴于此，如何设定简单明了的通用尺度和规则，如何将其推广执行到位，便是重要的课题所在。

一般来说，人事管理负责一些组织经营的基本事务，包括雇用、考核、支付工资等。而管理这些的信息系统被称为"人事管理系统"（Human Resource Management System，HRMS），其所管理的数据包括员工履历、技术、能力、经验、工资支付记录等，可谓涉及广泛。支付工资和就业管理等原则上归入基于国家或地区的"本土系统"。至于履历管理和人事制度等信息，则需要搭建全球通用的数据库。

在搜索全球员工的技能和考核评价时，上述通用化数据库便能发挥作用。比如在急着建立一个项目小组时，通过该通用数据库，便能搜索出所需的人才，从而在全球范围内及时获得一份候选者名单。此外，由于诸如培训、研修经历和资格证书等所需信息也在全球范围内得到共享，因此在企业文化教育和技术传承等方面亦能发挥作用。

1-4 制造业与 ICT 协作的轨迹与展望

产业发展历史与数字技术

在 19 世纪的第 1 次产业革命中，凭借水力和蒸汽机，实现了生产作业的机械化，从而使生产能力有了飞跃发展，以英国的自动织机为代表的"产业机械开发"一路推进。在 20 世纪初期的第 2 次产业革命中，电力带动了生产效率，美国的汽车产业实现了大批量生产。而第 3 次产业革命发生在 20 世纪后期，随着电脑的普及，生产活动的"整体效率化"构想被提出，在生产自动控制领域，作为通信协议标准，MAP（Message Access Protocol，邮件访问协议）被制订出来。

进入 21 世纪，凭借基于 IoT 的数据收集和学习数据的 AI 分析/控制，能够"自主思考和行动"的智能工厂（Smart Factory）概念被提出。这正是所谓的第 4 次产业革命。

工厂内 IT 系统的发展史

工厂的运作辅助系统有以下两大特征。

第一个特征是"不去彻底代替过去既有功能",而是以"包容"的方式推进发展。从 20 世纪 70 年代起,基于 BOM(部件构成表)的 MRP(物料需求计划)电脑软件问世,拉开了以电脑提升工厂生产活动效率的序幕。而在生产制造领域,不仅设备不断趋于自动化,FA(Factory Automation,工厂自动化)活动兴起,且涵盖物流等各方面,进而发展为 CIM(Computer Integrated Manufacturing,计算机集成制造)。它将工厂的开发和设计、生产管理、制造等各项作业进行统合管理。此外,在 CIM 的生产管理功能中加入人事和财务功能后,便"打包集成"为 ERP(Enterprise Resource Planning,企业资源计划)系统。而"打通互联"各企业的 ERP 的 SCM(Supply Chain Management,供应链管理)便是基于原材料采购调度的战略机制。总之,这种方式原则上沿用既有功能的概念,包括 MRP 和 CIM 以及其他类似系统,皆如此。(图 1-6)

第二个特征是"跟随 IT 技术发展"。换言之,随着 IT 技术的进步,这些运作辅助系统也在相应扩大辅助领域和追加功能。制造业与 IT 技术关系紧密,一路共同发展而来。至于 IT 系统的贡献,可归纳整理如下。

```
                                          IoT・AI
                                      SCM・ERP
                                  CIM
                            自动化/FA
                      BOM・MRP
IT应用软件
1970年    1980年   1990年   2000年   2010年   2020年至今
```

大型计算机（电脑）

服务器&终端机

IT基建设施

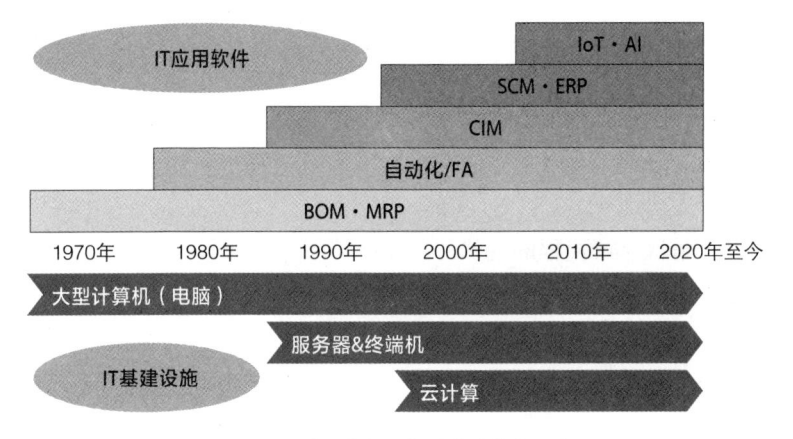

云计算

图 1-6　IT 应用软件及相关基建的发展变迁

经营管理

·实时判断情况

·提高经营决策水平

·加速决策过程

产品开发

·多点位同时开发

·缩短设计 LT

·缩短试制 LT

·生产管理

·应对需求变动

·整体把握并合理管理供应链情况

- 提升接单和外购作业的处理能力
- 提升生产效率、削减成本等

生产管理
- 掌握生产流程的现状
- 完善预测性维护，减少检修停工期
- 减少负荷等

设备控制
- 检测获知异常情况
- 自主控制等

所谓 IT 基建设施，源于被称为"大型计算机"的企业级中枢系统。当时其价格高昂，只有极少数的企业抱着"试水"的心态购买导入。之后，随着"服务器 + 终端机"的"分布式计算方式"的出现，IT 系统在制造业中逐渐普及。此外，由于可以根据不同功能需求实施"分布型导入"，其应用范围也得到扩大。而随着 IT 基建设施的持续进化，如今"云计算服务"（Cloud Computing Service）已成主流。它是将软件、平台和硬件等一并归入"服务"的概念和方式。企业作为该服务的接收方，不但能大幅削减固定费用，还能迅速灵活地应对产品和工序的变更。也正因为如此，在制造业中，云计算被寄予厚望。

围绕数字技术领域的动向

下面，笔者想论述一下与制造业相关的数字技术领域今后的动向。我们正处于第4次产业革命，"通过网络互联一切"是关键。鉴于此，各国为了争取主导权，正在积极推进各种标准。

工业4.0（Industry 4.0）是德国政府于2006年提出的基于"高科技战略"的国家制造业战略。其受到产业界、政府、学术界的共同支持，是通过网络掌控生产情况，实现自动化生产调整等目标的"柔性生产理念"。

而所谓IIC（Industrial Internet Consortium，工业互联网联盟），则是5家美国的主要IT企业在2014年设立的国际团体。其主要活动内容包括"工业化互联网"的产业落实以及实际标准的推进。它与德国的工业4.0可谓互补关系，因此也有德国企业加入IIC。

而IVI（Industrial Value Chain Initiative，产业价值链主导权）则可谓日本版的工业4.0。其发起的主体是机械学会生产系统部门的"互联工厂"分科会，从2015年6月起正式开展活动。其利用日本制造业的优势——现场力，从而以"宽松化标准"为主轴，旨在以企业间协作的方式推进解决具体问题，以IVRA（Industrial Value Chain Reference Architecture，工业价值链参考体系结构）的名称发表，可谓日本自己的参考体系结构（Reference Architecture）。

数字系统将来的方向

目前，在制造业备受瞩目的数字系统是 IoT 和 AI。据预测，它们今后将会进化为 CPS（Cyber Physical System，信息物理系统）。

物联网（Internet of Things，IoT）

就像家电、汽车和医疗器械等与局域网（Ethernet）互联一样，在制造业中，生产机器、作业人员和产品通过传感器等设备，也能实现联网。这让详细掌握时刻变化的生产现场成为可能，从而为工序管理和品质管理等提供了条件。

人工智能（Artificial Intelligence，AI）

AI 战胜人类围棋和将棋知名选手一度成为话题。而近年来，机器学习能力大幅提升，在制造领域，包括调度安排（Scheduling）、设备控制、工匠技能数值化、对品质不良和设备故障的事先防范等，这些原本只能依靠人的经验和判断来进行的作业，也逐渐开始应用 AI。

信息物理系统（Cyber Physical System，CPS）

CPS 是揭示制造业与 IT 共存关系的下一个关键词。其概念与 IoT 相近，但它把"云端"与现实分开对待。IoT 是通过局域网将各物互联，其"主色调"是网络功能。与之相对，CPS通过各物互联，从作为信息提供方的物理空间"吸取"大量数据，将它们存储在云端等服务器内，然后在进行所需的数据分析后回馈物理空间。通过该过程来实现各种用途的一系列系统，就被总称为CPS。（图1-7）

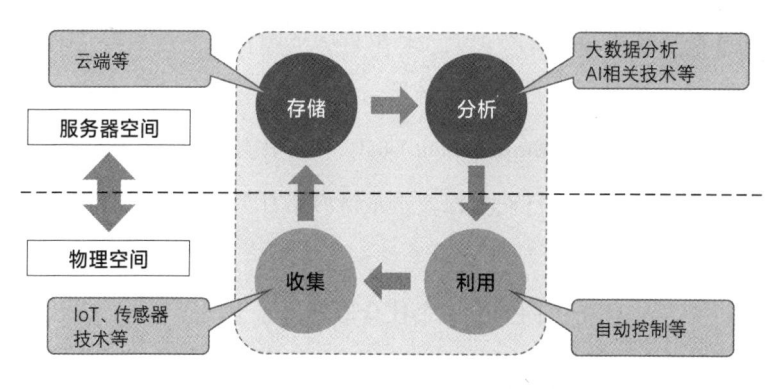

图1-7 信息物理系统

以智能交通系统（ITS）为例，通过道路及信号灯的传感器和汽车发送的信息，有望实现高效率的自动驾驶和运输。而在健康管理领域，凭借可穿戴设备所发送的信号，能够发现潜在疾病和促进保健。此外，通过运用各种感知天气状况的传感器，有助于实现最为合理的农田灌溉。

可见，作为社会基建的一部分，CPS可被应用于环境、能源、粮食、交通、经济、安全、医疗等领域。也正因为它与现实社会广泛互联，所以牵涉的利益相关者众多。因此，单独一家公司或一个机构要想推进CPS就较为困难。鉴于此，要想实现CPS，"与谁协作"便成了重要课题。

社会5.0（Society 5.0）是将网络空间（虚拟空间）与物理空间（现实空间）高度融合的系统。日本旨在利用该系统来兼顾经济发展和社会课题的解决，从而建立以人为本的社会。在第5期《科学技术基本计划》中，其被首次定调为日本未来的社会发展目标。同时，日本经济团体联合会也把"社会5.0"视为实现SDGs（Sustainable Development Goals，可持续发展目标）的支柱，并相应修改了企业行动章程。这是继狩猎社会（Society 1.0）、农耕社会（Society 2.0）、工业社会（Society 3.0）、信息社会（Society 4.0）后，人类所迈向的下一个社会形态。而在该形态中，CPS所发挥的作用令人期待。

作为今后越发重要的CPS，对其安全层面的着力程度必须进一步加强。不仅是针对网络攻击的软硬件对策，还包括针对"虚假消息"（Fake News）等人为破坏行动的对策，可谓综合性战略。

至于能够支撑这种发展的数字技术领域核心技术，目前被看好的可归纳如下。

边缘计算（Edge Computing）
·在终端附件设置服务器，从而控制响应速度及数据流量

LPWA（低功耗广域网，Low Power Wide Area）
· 用较低的电力消耗，覆盖更为广阔的通信范围

5G（5th Generation）
· 作为第五代通信技术，能实现高速度大容量的数据传输和交换

IPv6
· 为了应对 IP 地址枯竭问题而生的 128 比特 IP 地址

尤其在安全方面，需要有高于标准的防范机制。网络安全工具包括防火墙、DMZ（Demilitarized Zone，隔离区）、VPN（Virtual Private Network，虚拟专用网）、IDS（Instruction Detection System，入侵检测系统）等。验证系统包括密码方式、回拨验证、电子签名、二次验证、生物辨识验证（Biometrics 验证）等。此外还有一些独特的加密方式，比如把数据变为无意义的碎片，然后分散保存。

数字技术的安全手段的进步可谓日新月异，作为企业，重点在于"厘清职责，把握动向"。

制造业企业战略的新动向

制造业属于实体企业，而提供软件和服务的公司属于互联网企业。而如今，无论是产品还是工厂，制造业都在向网络化迈进；与此同时，互联网企业也纷纷涉足制造业，使得二者之间不再那么泾渭分明。这已是今后的一大趋势，有人将其视为跨越业界的重新洗牌，可谓备受瞩目的热点。

处于该背景之下的是以数字技术为基础的新价值创造活动，它为颠覆性革新（Disruption）做准备。数码相机、智能手机、电子摄像头、网约车服务等，从根本上颠覆了相关行业的固有结构。这使得相关企业不得不进行产品转型、摸索多元化发展等投资组合战略的变革。以电脑制造商为例，有的大企业已经出售了自己的生产制造部门，转型为软件服务公司。

再看汽车制造业。自动驾驶、新能源汽车、互联网汽车等大变革正在发生。许多人认为如今是汽车制造业百年一遇的变革期，其他行业也开始纷纷进场。像美国和中国的互联网巨头们已经率先开始实验自动驾驶。它们加速自家的研发进程，广招合作伙伴以在研发中实现互补，并与产业界、政府、学术界联手研发新的交通系统等。

企业要把握这一趋势，进而制订相应的中长期战略，必须放眼全球，对外部的信息保持敏感，避免错失商机。

鉴于此，"凭借以技术为支撑的产品开发占据先导优势"可谓有力的战略之一。比如，日本的大牌工程机械制造商以位置信息和运转信息为基础，实现保养记录和运转情况的可视化；又比如，一些旅游业和酒店业的企业运用AI开设"无人化宾馆"。此外，还有不少企业通过灵活运用数字技术，增加了自家产品的附加价值。这种改良虽然无法造成火热的话题，但的确在我们身边随处可见。但要注意的是，即便拥有技术方面的先发优势，但竞争对手的追赶十分迅速，因此保持优势绝非易事。

此外，要保持"灵活利用外部力量"的战略意识。不要仅仅将其作为落后于竞争对手时采取的挽回之策，哪怕在自家技术处于领先优势时，外部力量也是持续保持自身领头羊地位的有效手段。像关乎业务收购和出售的并购战略、与合作伙伴的协作及战略、有关技术价值的买卖战略等。在当今时代，企业要在平时就思考这些战略，并提前做好准备。

另一战略是改革生产制造流程，实现优于竞争对手的品质、价格和交货期。前面阐述的大趋势的确正在全球范围内推进，但作为制造业利润的源泉，"以造物为本"的产业结构并不会在10年到20年的时间内急速消亡。作为本书的主题之一，事关产品开发的工程链也好，事关产品供给的供应链也好，二者都需要持续改革。此外，作为支撑二者改革的重要条件，"决策和管理的合理化"亦不可少。

若聚焦工厂，在传统的"现场改善活动"之外，运用数字技术的生产改革亦是提升企业竞争力的关键。被称为"生产三要要素"（3M）的人（Man）、物（Material）、设备（Machine）的效率化和智能化的推进，为"打造智能工厂"的目标提供了合理条件。

1-5 支撑"胜出战略"的全球化 ICT 战略

日本制造业与 ICT 投资

正如前述,虽然"运用数字技术"日渐成为重要课题,但日企的 IT 投资依然落后。纵观日美企业的 ICT 投资额,2015 年,日企只有美企的一成,差距甚大。(图 1-8)该差距的原因包含多方面,其中之一是"企业对 IT 投资的思维方式的差异"。

纵观日企的 IT 投资,其中七成以上是与维持更新既有平台相关的"基建投资"和"效率化投资"。据说,到 2025 年,五成日企的系统平台会趋于老化,因此预测"基建投资"这一块会持续增加。但倘若只是一味更新既有系统,企业价值无法获得提升。另外,日企的所谓"效率化投资"往往着眼于某个部分或环节的效率化,而少有那种横跨部门的大规模业务改革。

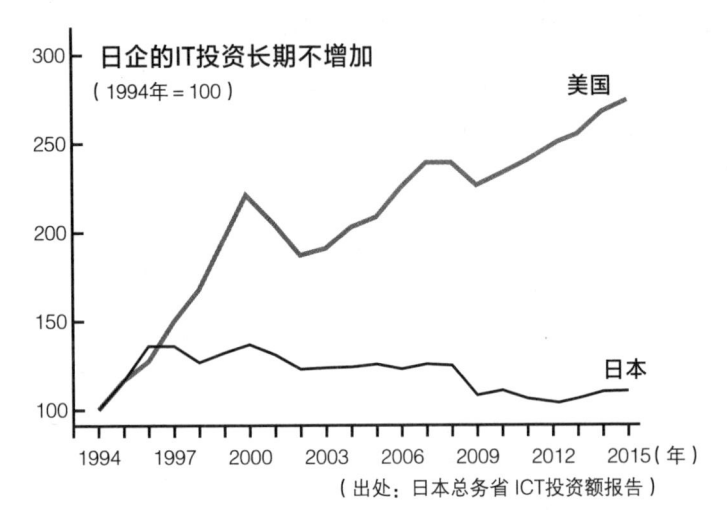

日企的IT投资长期不增加
（1994年 = 100）

（出处：日本总务省ICT投资额报告）

图 1-8　日美企业 IT 投资比较

与之相对，先进的美企 ICT 巨头重视新价值和新创意，对于看准的创意，会不惜投入巨资。其对于投资的决策速度和金额数量，都是日企无法比拟的。对此，用"商业模式有别"来总结也许过于简单粗暴，但这的确是导致日美企业 IT 投资差距不断拉大的主要原因之一。

除此之外，欧美制造业在对将来进行决策时，也比日企要大胆得多。就拿在全球运用 ERP（Enterprise Resource Planning，企业资源计划）通用系统来说，与日本制造业相比，欧美制造业的运用程度要高得多。在将其作为全公司方针的情况下，不少欧美企业会自上而下"强推"系统。由于在推进初期考虑不上各生产经营点的繁杂情况，因此需要后续完善补充（add-on），有时（新系统）的效率甚至暂时不及老系统。即便如此，欧美企业依然毅然推进。由此可见，它们并不只顾眼前，而是将眼光放在长远的大方向和效果上。

反观日本制造业，如此有魄力的决策和强推的案例，笔者未有耳闻。这里不想评论孰对孰错，但这明显体现了它们对ICT截然不同的立场和态度。

ICT投资停滞的机制

在审视ICT的投资决策时，可以发现日本企业的独特问题。整理如下。

"拖延投资"导致的恶性循环

纵观日本制造业，不少企业使用独自开发的中枢或固有系统，它们逐渐老旧。不可否认，这使得ICT投资停滞不前，从而导致下列恶性循环。（图1-9）

企业拥有过去独自开发的中枢或固有系统，到了更新期也舍不得投资，而是让系统勉强"续命"，从而导致人员费用和运营费用增加。而这种高昂的维护费用进一步挤占其他预算，又使企业无法进行大规模的ICT投资。最终只得靠不断给老系统打补丁来进一步延长其使用寿命，可谓"恶魔的无限循环"。

```
        ┌─────────────────────────┐
        │ 过去独自开发的中枢或固有系统 │
        └─────────────────────────┘
                     ↓
        ┌─────────────────────────┐
     ↗  │ 到了更新期却舍不得投资，于是 │  ↘
        │ 自欺欺人地给老系统"续命"   │
        └─────────────────────────┘
  ┌──────────────┐           ┌────────────────────────┐
  │靠打系统补丁逃避现实，进一步延│           │结果导致人员费用和运营费用增加，│
  │长老系统的使用寿命           │           │但已无从削减              │
  └──────────────┘           └────────────────────────┘
     ↖  ┌─────────────────────────┐  ↙
        │ 由于老系统的维护费用高昂，因此 │
        │ 缺乏进行大规模ICT投资的预算  │
        └─────────────────────────┘
```

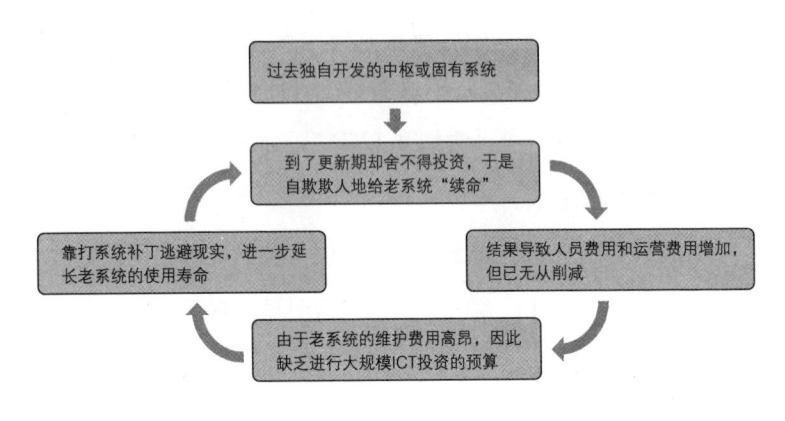

图1-9　无法进行投资的恶性循环

这样一来，企业永远无法进行大刀阔斧的ICT投资。虽说ICT投资并非"灵丹妙药"，但其在制造业中的确潜力非凡。如今，全球化竞争以软件为主要擂台，若照此下去，日企便无法与竞争对手抗衡。

尤其到了2025年，日本制造业中枢系统的更新可谓迫在眉睫。倘若再行动迟缓，则恐怕连更新系统的ICT人才都无法确保，从而不得不付出更为昂贵的更新费用。

对ICT投资的保守态度

不仅是上述预算问题，在企业经营者对ICT投资的理解程度方面，日企也较为落后。在针对产品的数字技术开发方面，对于R&D（研发）和产品开发，有的日企也在果断地进行大量先行投资。可一旦涉及"对生产线的 ICT 投资",则往往保持观望。不必说,投资行为基于对"投资额"和"投资效果"的权衡预判。反面例子有诸如"小打小闹的系统导入,最终收效平平""企业经营者以'不懂 ICT'为由,把相关工作甩手交给相应部门包办,从而错过大刀阔斧改革的机会"等。在日企中,这样的反面例子应该不少见。

有的企业甚至不是甩手交给内部的相应部门包办,而是将企划和方案起草工作彻底丢给外包企业。把公司的业务改革托付他人,这只能说是本末倒置。一旦将 ICT 交给外部企业去做,与 ICT 相关的自家业务便陷入"黑箱化",从而可能导致高昂的投资和维护费用。哪怕有不得不外包的理由,也要具备眼力,弄清"承接的外部企业是否经验充分、业务精通""承接的外部企业是否能创造附加价值,抑或只是会生成大量资料"等问题。最清楚自己公司业务的是公司内部的人,因此应该具备"问题意识",自主推进 ICT 改革。

与以前相比,如今运用 ICT 实现业务改革的可能性要高得多。鉴于此,日企应该一改保守态度,以灵活的思维方式看待新的附加价值和效率化,并敢于挑战,勇出成果。这是这个时代的要求。

重新审视 ICT 投资效果的余地

纵观日本制造业，几乎所有企业都把 ICT 投资视为"伴随着效果"的战略投资。在判断是否投资时，其思维方式与斟酌设备投资时如出一辙。且不同企业根据自身原则，对投资的回收时间和利润率等进行评估。毕竟是制造业，这么做也可以理解，但这亦成为日本制造业的 ICT 投资踌躇不前的一大要因。

先来比较产品开发投资和 ICT 投资。对制造商而言，对 R&D 和产品开发的投资目的在于"增加销售额"和"增加利润"。但从"投资效果验证"的角度看，其与 ICT 及设备投资相比，则显得较为粗放。产品计划毕竟无法准确预知未来，因此难免存在一定程度的"赌博性质"。与之相对，考虑到 ICT 技术进步所带来的巨大改革机遇，就不该一味保守，而应以"挑战精神"来评估相关投资。比如将其视为"挑战性投资"，将相关风险"参数化"，让经营层基于该参数来判断是增加还是减少投资额，从而形成一套较为合理的投资计算方法。

再来比较基建投资和 ICT 投资。工厂的水电和电话网等都属于基建投资，企业一般是不追求相关投资效果的。而 ICT 投资中的网络搭建，以及终端 PC 和员工工作用智能手机的置备等，如今也可归入基建投资。而该思维方式也适用于老旧 ICT 系统的更新投资，以"保留现有功能且不追加新功能"作为投资的"底线基准"，在投资额高于该底线的情况下，评估相应的成效如何。

这不失为一种合理的方式。在计算战略投资的效果时，也可以把这种相当于"基建投资"的部分刨去，通过"项目投资补正额"来评价投资效果。

还有一个可重新审视的余地，那就是"如何编排库存削减效果"。不少企业仍然只把降低成本的净值视为计算投资效果的依据。而在促进企业创造价值的"现金流主导"经营方式中，利润和库存皆被视为产生现金流的要素。虽说"成本削减有效一世，库存削减有效一时"，但若不把二者一起视为效果，则有错失重大改革机会之虞。此外，像固定资产折旧这种"不付出费用的费用"也可以算在现金流内。有了这样的心理建设，应该不必再对投资过度担心。

而且，从现金流的角度来看，"延长支付期限"和"尽早回收赊销款"亦有效果。通过导入ICT，推进业务改革，若因此为资金筹措和周转方面带来了有利条件，就必须将相应量化的金额计入投资效果中，切不可将其忽视。

在该思维方式中，推荐利用内部收益率（Internal Rate of Return，IRR）的概念。其以基于现金流最低资本回报率的DCF（Discounted Cash Flow，贴现现金流）进行计算，因此可谓合理的方法。（图1-10）

净现值（Net Present Value）为0时的最低资本回报率r被称为内部收益率。

$$C_0 + \frac{C_1}{(1+r)^1} + \frac{C_2}{(1+r)^2} + \frac{C_3}{(1+r)^3} + \cdots + \frac{C_n}{(1+r)^n} = 0$$

※但要注意，只要有投资，C_0必为负值。

1. 决定项目的最低资本回报率（Hurdle Rate）
2. 预测项目创造的现金流
3. 算出项目的IRR
4. 通过以下方式判定
   （1）IRR＞最低资本回报率→投资
   （2）IRR＜最低资本回报率→不投资

图1-10　IRR的计算式

ICT人才培养的迟缓

据说日本的ICT领域相关从业者有100万人左右。其中就业于制造业等实体企业的占三成左右，余下为专门从事ICT企业的员工。反观美国，ICT领域的总从业者人数大约是日本的1倍，且与日本不同，其七成左右是制造业等实体企业的员工。今后，制造业的主流是"课题实现型"，需要推进数字化改革。为此，同时通晓业务和ICT的人才必不可少，也更加需要有领导能力的改革推进者。可纵观日本当下的ICT人才，无论是"量"还是"质"，都存在不足。

ICT 公司的人才培养

制造商对业务改革或现场改革进行企划，然后从事 ICT 业务的专业公司奉命搭建系统，有时还要负责实际运营。通过承接这样的业务，ICT 公司能够积累经验，不断提升自身开发和运营 ICT 系统的实操能力。但在此之外，对于业务改革的调查、企划、构想等，ICT 公司则缺乏主导和参与的机会。当然，有时 ICT 公司也有机会从项目起始阶段便参与其中，但归根结底还是由作为甲方的制造商主导，ICT 公司最多扮演辅佐角色。因此 ICT 公司要想具备独自主导业务改革的能力，就需要经手相当多的项目。

而如果 ICT 公司再将业务按职能细分，采取"专人专职"的方式，则诸如网络专家、安全专家等就只能积累与自身工作直接相关的经验。长此以往，ICT 公司虽然能拥有一批各种系统开发领域的优秀人才，但他们的专长过窄，无法成为主导全盘业务改革的力量。为了打破这种局限，有的 ICT 公司已经开始围绕"制造业的全盘业务"进行研修和培训，从而拓展员工的视野和见识，但依然远远没到位。可见，"提供业务系统的开发机会"和"促成人才培养"是关键。

在大牌的 ICT 咨询公司内，基本模式是"老人带新人，让新人参与项目，从而积累实务经验"。但在该模式下，与其说参与业务改革项目，不如说直接增长了业务改革的经验和知识。此处的问题在于，新人更多是在办公桌旁处理事务，对现场却缺乏深刻认识，从而趋于"理论化思考"，结果导致以后设计出的系统脱离现场实际。

对员工而言，要想在 ICT 企业积累有用的职业经验，担任完成系统后的"维护支持"或者干脆常驻甲方企业，在离客户最近的地方工作，亦不失为一种选择。

制造商的内部 ICT 人才培养

如果制造商本身就有与 ICT 相关的部门或组织，那么相应的员工是否就能在其中不断提升呢？答案是否定的。这类员工往往有很多"分心"的任务，比如忙于系统运营时的故障排除，导致参与企划和改革的机会减少；又比如在业务外包的情况下，就不得不充当"采购员"，把指示外包商和管理报价书作为主要工作。这类情况实际上相当常见。

还有一种让人担忧的情况是，来自公司内各部门琐碎的改进要求让 ICT 部门的工作人员应接不暇，导致只能整日默默地坐在电脑前"捣鼓"程序，久而久之，视野便日益狭窄。面对公司内"强势用户"极为细微的改动要求，ICT 部门被"牵着鼻子走"，眼光也好，行动也好，都会变得"小家子气"。如此一来，便难以积蓄能够主导公司内重大业务改革的实力。

但与此同时，制造业也有许多机会。比如 ICT 部门的工作人员若能换岗至业务部门，便等于获得了从"业务"和"ICT"两方面深度理解系统的机会。要想基于"人才培养战略",让员工积累有用的职业经验,公司高层和员工上司就应该坚定不移地着力于人才培养。倘若上司在该方面不作为,那么员工也可以通过毛遂自荐的方式,积极为自己的职业生涯添砖加瓦。

要注意的是,人才培养若仅凭OJT(On the Job Training)[①],则终究有限。企业必须拥有体系化的研修项目,不仅致力于企业内部,还应积极利用外部的研修资源。由于ICT部门的员工多数情况下是对着电脑屏幕默默工作,因此如果有机会偶尔换个环境,与外部的同行或是不同行业的从业者开展交流,则很可能擦出不同的火花或想到不同的点子。随着时代发展,这点愈发变得重要。

上面的论述都着眼于人才的质量,且内容多为担忧和警示,但"确保人才"的确是重大课题。除了通过提升ICT业务的职业吸引力来招募人才外,诸如"利用退休专家""利用海外人才""利用网络"等"业务分散型对策"也很有必要。不过这些与本书主题关系不密切,姑且留到其他文章中再表吧。

总而言之,不管是企划业务改革,还是实施业务改革,其主体皆是人。因此需要通晓业务和ICT,并能以中长期视点企划和实施战略投资的人才。而这样的人才,今后会愈发显得珍贵。

---

① OJT是指在日常工作中,上司和老员工对下属和新员工进行教育的一种方法,教育内容包括知识、技能和工作法。——译者注

第 2 章
全球化制造企业的未来形态

2-1　全球化工程链[①]战略之整体战略与管理

工程链的整体形态

所谓工程链,一般被定义为"包括研发(R&D)在内的,从产品企划到生产准备的一系列流程"。(图2-1)

·研发

学术性基础研究以及与将来实现产品化相关的材料技术开发

·产品企划

基于最新的市场动向,包括产品综合企划、产品·技术路线规划图、对产品投放和退出市场的时机规划,以及商机有无的确认

·产品开发

基于产品·技术路线规划图和市场战略,决定产品概念和定位,确定产品的最终规格

---

① Global Engineering Chain.

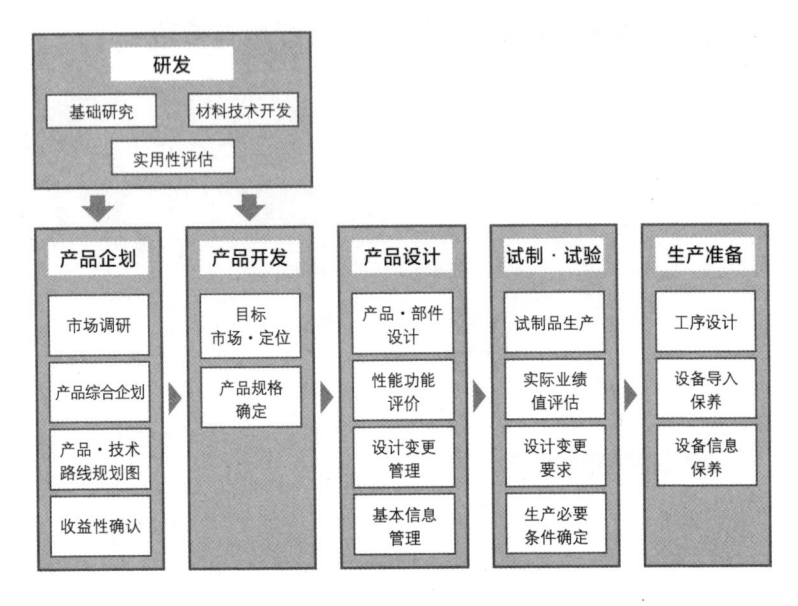

图 2-1　工程链的功能与流程

·产品设计

通过设计来实现产品的最终规格，并凭借模拟和设计评估来完成验证

·试制·试验

基于设计图纸来制作实物，然后评估其功能和品质方面的实际表现，从而把可改良之处反馈给设计部门，并评估其实际量产的可行性，同时确定准备生产时的要点

·生产准备

准备量产所需的产品信息、工序信息、作业信息以及模具等，

从而在短期内实现量产起步

不少关于工程链的定义中,将生产准备或生产视为工程链的终点。而本书基于"终生管理"的视角,因此将停产后的维修保养、维修部件管理、回收/循环利用、产品终止/报废皆归为工程链的组成部分。故本书视工程链为一个完整的业务链条,其贯穿产品的诞生至终结。

全球化工程链的使命与课题

从制造业市场环境的变化和课题出发,可将工程链的使命整理如下。

表 2-1 环境与课题

【环境】		【课题】
顾客:需求多样化	→	产品种类扩充
产品:生命周期缩短	→	型号换代加速
全球化	→	产品开发设计针对全球市场
发展中国家的追赶	→	产品企划和技术实力占主导
材料技术兴起(新材料、纳米技术、电子元件)		

【开发·设计部门的目标】

· Quality（生产具有竞争力的新产品）

固有材料技术和生产技术

产品企划能力和品牌力强化

· Delivery（让产品尽快问世）

开发周期缩短（Time to Market）

垂直快速起步（Time to Volume）

· Cost（降低开发费用）

保持应对产品多样化的能力

在处理停产的产品时，QDC[①] 管理也同样适用。比如模具和夹具，倘若不予以处理而一直保管，其产生的成本负担亦不小。

工程链的目标和对策

将工程链的目标、课题和改善对策与产品开发阶段的课题一并整理，便如图 2-2 所示。诸如优秀产品、快速开发、垂直快速起步、低成本开发等富有挑战性的目标，都属于相关要求。

图 2-2 所示的"改善对策"中，也包括对重大业务变革的要求。尤其请各位读者关注"并行工程"（Concurrent Engineering）

---

① Q（Quality，质量），D（Delivery，投放），C（Cost，成本）。——译者注

和"前载"（Front-loading）。至于它们具体为何，又与数字技术有何关系，下面会进行阐述。

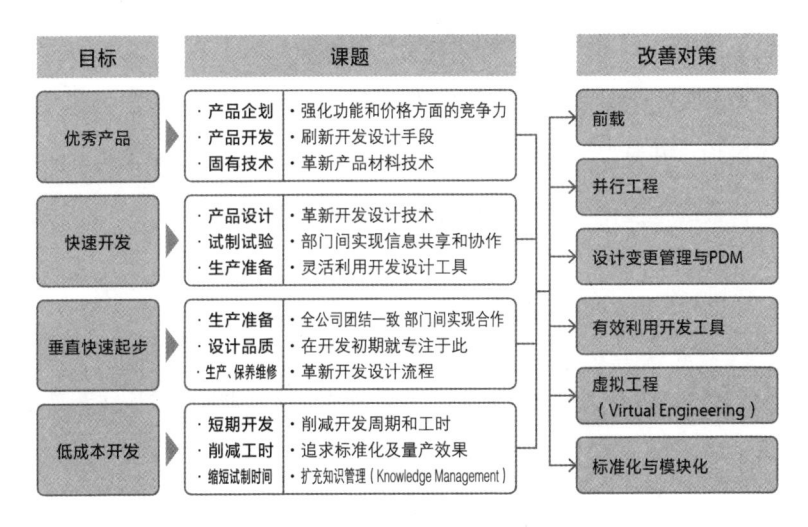

目标	课题		改善对策
优秀产品	·产品企划 ·产品开发 ·固有技术	·强化功能和价格方面的竞争力 ·刷新开发设计手段 ·革新产品材料技术	前载
快速开发	·产品设计 ·试制试验 ·生产准备	·革新开发设计技术 ·部门间实现信息共享和协作 ·灵活利用开发设计工具	并行工程
垂直快速起步	·生产准备 ·设计品质 ·生产、保养维修	·全公司团结一致 部门间实现合作 ·在开发初期就专注于此 ·革新开发设计流程	设计变更管理与PDM
低成本开发	·短期开发 ·削减工时 ·缩短试制时间	·削减开发周期和工时 ·追求标准化及量产效果 ·扩充知识管理（Knowledge Management）	有效利用开发工具 虚拟工程 （Virtual Engineering） 标准化与模块化

图 2-2 工程链的目标和改善对策

并行工程

并行工程是同步工程（Simultaneous Engineering）的同义语，是通过把包括产品企划、设计开发、生产准备在内的各项作业以"同时并行"的方式处理，从而缩短实现量产之前所需流程的一种开发手段。

该手段意在让设计者从初始阶段就考虑产品的整个生命周期，包括品质、成本、生产，直至废弃。等于将设计、生产、制造、服务等相关部门的想法和立场反映于早期开发阶段。"按顺序处理"的传统开发流程必须在前一道工序完成后，下一道工序才能着手。而并行工程则不同，在前一道工序还未完成时，下一道工序便开始着手，使大幅缩短开发周期成为可能。如上所述，缩短开发周期是并行工程的主要目的，但除此之外，由于协作时间增加，开发业务流程自身的效率提高以及部件技术开发力的融合，最终也强化了产品的市场竞争力。（图2-3）

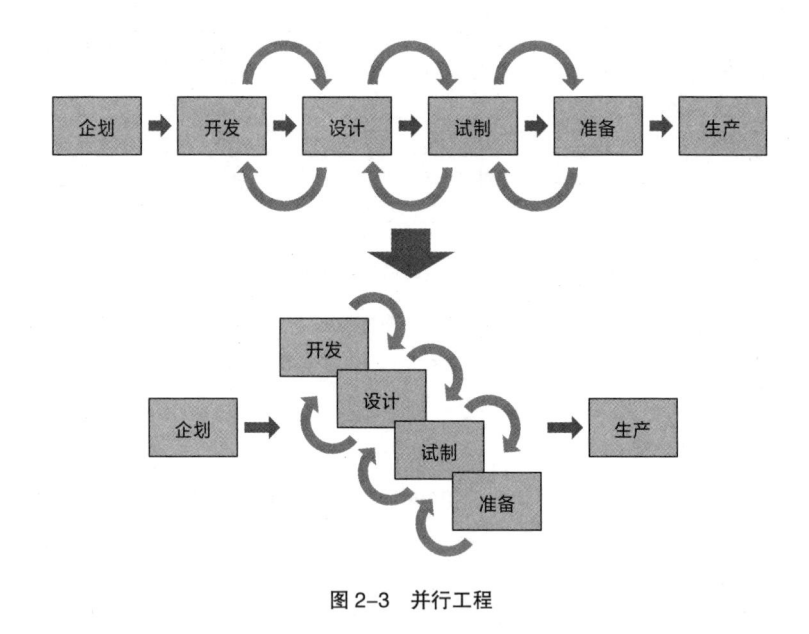

图2-3 并行工程

并行工程涵盖产品开发、设计、试制和生产准备，核心参与方包括产品企划、设计、试制和生产技术部门。在自制率较高的企业内，如果出现工序大幅变更或设置新生产线等需要导入新技术或新设备的情况，从生产准备到量产起步的整个过程中，并行工程亦能发挥有效作用。此时，要以生产技术部门为核心，让生产部门的负责人及品质保证、维护、物流等相关部门参与进来，并同时制作作业工序说明书，开展技能培训，制作管理工序表和设备检查基准表等。

而软件开发的进化方向也与并行工程如出一辙。其从原先按阶段（Phase）推进的瀑布（Waterfall）模式，转型为"先做出原型，再不断评估改良"的原型（Prototype）模式或"一边重复一系列开发工序，一边基于顾客反馈进行修正"的螺旋（Spiral）模式等。无论何种模式，其基本目的皆为"缩短开发周期"。软件开发不像实体制造，不太受"物理现实"的束缚，因此其在该方向的发展要早于制造业。同时，其进化的方向又为制造业并行工程的改革提供了启示。比如后面会提及的"利用3D打印机制作实体模型"（mock-up）以及对CAD（Computer Aided Design，计算机辅助设计）、CAM（Computer Aided Manufacturing，计算机辅助制造）、CAT（Computer Aided Testing，计算机辅助测试）等软件工具的运用，皆为典型。

前载的推进

一般认为，产品成本的八至九成取决于投产之前的开发设计阶段。而所谓前载（Front-loading），是在产品开发初期投入资源，实施匹配顾客需求的产品企划，从而大幅提升销售额和开发费用投入效果的活动。具体来说，即在设计初期阶段就让生产技术、采购调度、品质保证等部门的技术人员参与和协作，让企业的综合实力在产品规格中得以体现，并利用价值工程（Value Engineering）等手段，让产品的功能和成本合理化，让产品的价值最大化。（图2-4）

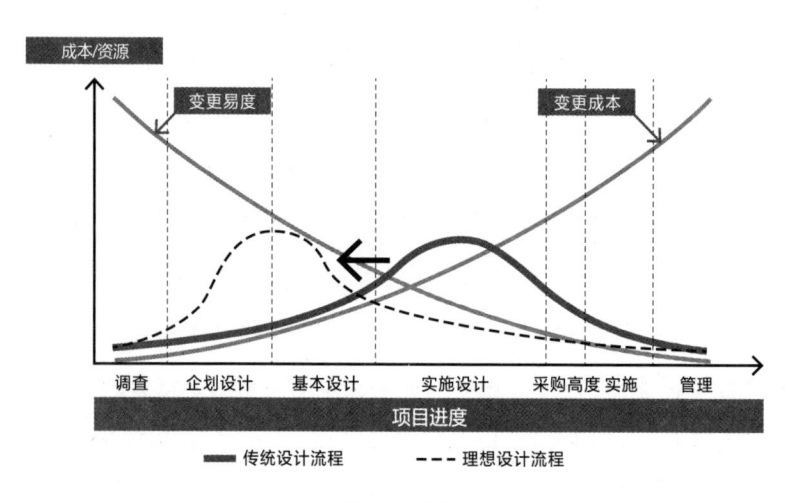

图2-4 前载

项目管理亦是前载的重要一环。开发很容易产生很多"等待时间"，比如等待评审负责人或决策者的拍板、等待试制中心完成工作、等待评估中心的结果出炉等。如此一来，各项目之间有时会产生"互相争夺通用资源"的恶性循环。为了消除这种"等待时间",就需要相应的项目进度统筹和管理,比如提前制订整体的负荷计划,针对各具体项目进行先后关系的调度安排等。

并行工程的确能够缩短业务LT,但它还有非常重要的另一个效果,那就是"减少因出现问题而返工的情况"。无论作业大小,都可能存在"出现问题而返工"的情况,这样的返工无可奈何。且其越接近量产起步阶段,则所造成的影响也越大。返工的最大原因是设计变更。至于设计变更的原因则多种多样,比如知识不足、人为错误、协作失误、确认不足等。要想提升产品开发和设计阶段的作业水准,就要改善和杜绝这些错误。

但在现实的产品开发过程中,一旦出现类似问题,比起追究原因,当务之急是"如何改正和止损"。对于问题,如能尽早发现、尽早处理,就能减轻损失。基于"在实施阶段强化核查体制"的思维方式,一种PDCA的变体——"CAP-DO"应运而生。它把PDCA的"C(检查)"作为循环的起点,通过充实检查表(Check List)和阶段管理,确立和运用了"避免事后后悔的管理循环"。

全球产品数据的一元化管理

PDM(Product Data Management,产品数据管理)系统是产品数据管理方面的典型工具。该系统基于产品的开发和设计,将与产品相关的所有信息(图纸、文件、规格式样书、使用说明书等）以整合的形式，进行一元化管理。其主要分为以下两大类。

新产品的开发和设计
·关乎新产品的结构和详细内容，将设计、规格、部件信息、检查基准等生产所需的技术信息告知生产部门

既有产品的改良设计
·以解决已出货产品的故障、提升安全性和功能、降低成本等为目的，将与产品改良相关的设计和技术的变更信息告知生产部门

PDM通常会将包括新产品在内的设计变更（简称"设变"）进行统一管理，并分担"审查设计变更内容""加速处理设计变更""同步设计变更信息和基本信息""管理产品版本""管理设计变更履历""整体管理设计变更和品质"等作业，从而为并行工程提供支持。

设计变更信息包括设计变更（CAD/CAM等）、设计变更指示（通知）书、设计部件表、相关图纸（部件图纸、装配图纸）、规格式样书［SPEC（配置明细）、变更内容记述书］、应用指示书（Engineering Notice）等。基准信息包括品目管理（Master）、部件表（BOM）、工序管理、NC（Numerical Control，数控）数据、测试数据/检查基准等。

PLM（Product Lifecycle Management，产品生命周期管理）则是通过流程来管理基准信息的系统。PLM是贯穿产品全业务流程的收益管理思维，其从产品的企划阶段起，包括开发、生产、销售/保养维修，直至保养维修服务终止。从系统角度看，它以"产品数据管理系统"为核心，涉及与产品开发/设计、生产、库存、销售额相关的各子系统，将产品的相关信息全部共享，再加上生产阶段中与品质、成本、交货期等相关的实际业绩值，从而对产品生命周期的收益性实行彻底管理。

基准信息系统的管理内容包括品目管理、部件表（BOM）、工序管理、NC数据、测试数据和检查基准等。从开发部门负责管理的部分，到工厂分担的部分，可谓悉数涵盖。其中的BOM需要在PLM内不断调整和生成。其根据形态可分为产品企划阶段的C-BOM（Conceptual BOM）、设计阶段的E-BOM（Engineering BOM）、生产阶段的M-BOM（Manufacturing BOM）、销售阶段的S-BOM（Sales BOM）、保养维修阶段的R-BOM（Repair BOM）等。（图2-5）

像这样，把一种数据归为一元，就能提升管理作业的效率和准确率，在缩短开发周期方面，能发挥重大作用。即便在"出现问题而返工"的情况下，也能迅速实施"设计变更管理"，无遗漏地更新所有关联数据，从而确保整合性。

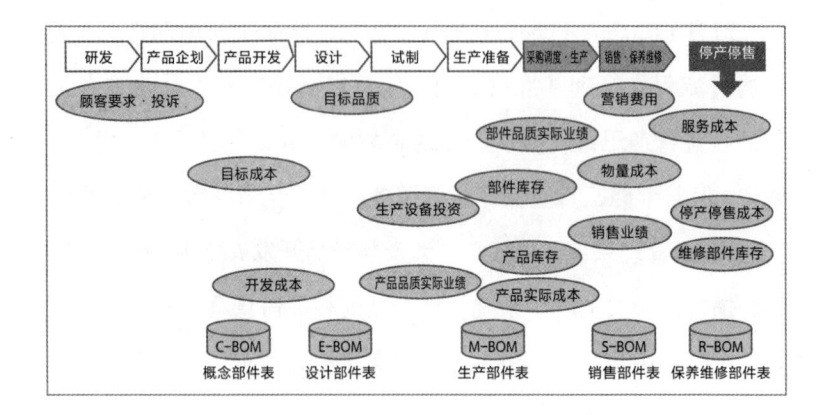

图 2-5 产品生命周期与基准信息

2-2 全球化工程链[①] 战略之灵活运用数字技术

有效运用开发工具

在开发设计环节，可运用的数字开发工具如下。在工程链中，它们以业务和数据的形式互联。（图2-6）

CAD（Computer Aided Design，计算机辅助设计）
·计算机辅助设计，其输出内容通常为图纸类。也有基于数学，将三维形状以数据形式呈现的三维（3D）CAD

CAE（Computer Aided Engineering，计算机辅助工程）
·计算机辅助解析（理论虚拟、构造解析等），在广义上也可包括CAD、CAM和CAT

[①] Global Engineering Chain

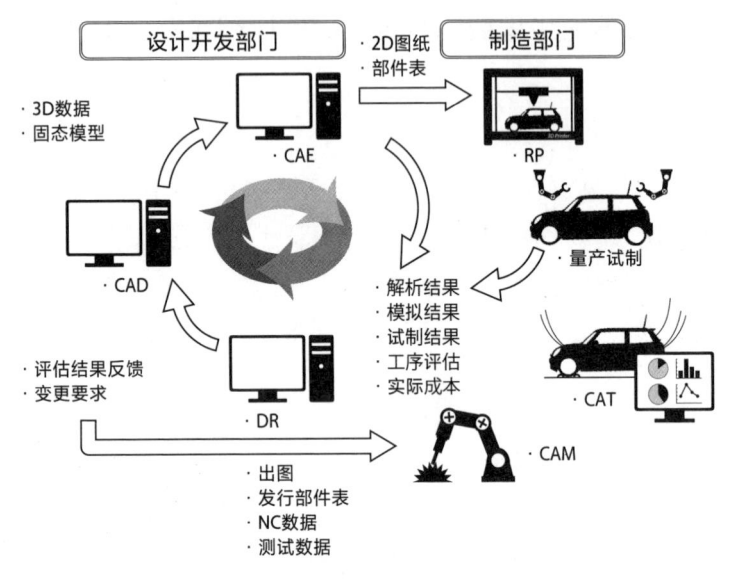

图 2-6　数字开发工具的互联

RP（Rapid Proto-typing，快速成型技术）

・利用 3D-CAD 数据，在短时间内制成立体模型，从而进行产品评估。3D 打印机和光敏成型树脂的发展使其成为可能

CAM（Computer Aided Manufacturing，计算机辅助制造）

・计算机辅助制造设计，输出内容通常为 NC 数据等

CAT（Computer Aided Testing，计算机辅助测试）

・计算机辅助测试设计，通常与 CAE 组合，生成测试数据，

输出测试解析结果

DR（Design Review，设计评价）
·针对设计是否符合品质、功能、价格等要求标准，进行相应评估评价，从而判定可否量产

数字设计开发工具联动的起点是"CAD图纸"，然后将生成的3D数据传送至CAM，从而进行技术解析和虚拟计算。再将该过程中确定的配置明细（SPEC）以图纸和部件表的形式发送至制造部门。制造部门基于此进行试制，并通过CAT评估产品、工序和成本等。再由DR对这些做出综合评价。一旦评价合格，则通过CAM对NC数据和作业工序等进行分析，再将相关数据发送至制造负责方，从而开展生产准备活动。

随着上述数字开发工具的发展，它们正在以各种形式扩大应用范围，比如3D打印实体模型（mock-up）在产品企划和商业洽谈中的应用、依靠3D-CAD实施的检验确认、凭借CAE开展的虚拟试验、利用CAM进行的控制程序开发等。这些数字开发工具的运用和联动，在"缩短开发LT""提升作业品质"等方面发挥着重大作用。

以在日企中发展成熟的"成套设备工厂"为例，为了消除"同功能部件重复设计""设计人员的能力差距"等问题，常用手段包括"将通用设计图和文件数据化，从而提升设计效率""将

生产工段的制约条件落实为工厂的技术知识信息数据库（Know-how Database）""通过CAD来发现违规行为，从而杜绝返工现象"等。这些手段最终实现了作业效率和品质的提升。

在作业指示方面，通过开发"基于3D设计数据自动生成装配顺序信息"的系统，便能以立体图示的形式向制造部门传达指示，并且能做到"1种部件1套作业指示"。通过确立这种机制，作业人员从"新手"到"独当一面"的成长时间能够大幅缩短。

据最近的新闻报道，3D打印机已能够生成金属件。哪怕还无法实现依靠模具制成的那种品质，但在提升"试制速度""成品评估精度"等方面，应该可以发挥巨大作用。该领域的数字技术进步可谓日新月异，但说到DR（设计评价）方面，则并没有什么约定俗成的数字开发工具。DR首先依据一系列定量数据，包括产品的目标功能、配置明细（SPEC）、品质特性的实现情况、性能测试结果等，再加上定性的状况评估，从而做出最终评判。一般来说，DR的经手人往往是公司内一群"想让产品尽早问世"的员工，因此有"急于做出乐观判断"的倾向，而这恰恰增加了产品由于不合格而推迟上市的风险。为解决该问题，可以让能够冷静判断情况的"第三方"参与其中。而在不远的未来，也许能够让AI来做出判断。另一个问题是频度，随着技术的发展，电脑能够在短时间内处理海量数据，因此将来可以按照需求，反复实施DR，从而杜绝返工现象。

虚拟工程

所谓虚拟工程（Virtual Engineering），是基于"运用CAE工具"的概念，但其运用范围不仅限于产品设计，还包括实验和测试。德国政府倡导的"系统开发V字模型"是其典型，详见图2-7。左侧为产品的开发轴，右侧为评价轴。且以源于评价轴的数据为基础，双方密切联系。在数字空间实施虚拟验证，从而对产品进行改良。

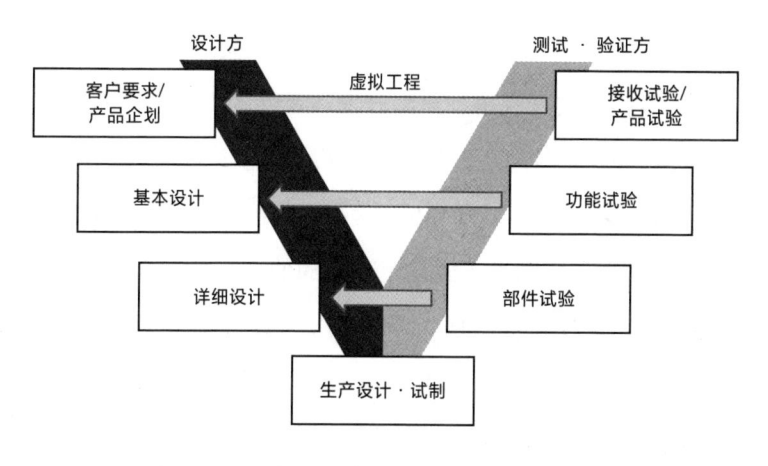

图 2-7 虚拟工程 V 字模型

以欧洲车辆认证制度（IMVITER）为例，其规划目标是"阶段性地用虚拟测试代替物理测试"。第1阶段是"全部采用物理测试"，第2阶段是"混合采用物理和虚拟测试"，第3阶段是

"全部采用虚拟测试"。在该背景下,汽车产业已经在相关领域进行了多年研究,并不断推进实用化。如今,IMVITER 处于第 2 阶段。虚拟测试的适用范围已非常广泛,包括碰撞试验、驾驶模拟、气囊启动模拟、风洞分析、流体解析、冲压模具设计、铸造凝固模拟等。

如图 2-7 的 V 字模型所示,VE(虚拟工程)推进的关键在于"如何让右侧的活动移至左侧"。鉴于此,一项正在推进的研究是"将立体结构进行自动网格划分(Automesh),并将其用于 CAE 数据中"。

此外,将 VR(Virtual Reality,虚拟现实)和 AR(Augmented Reality,增强现实)应用于产品开发和设计的事例也不断增加。人们不再像以前那样只能借助显示屏,还能使用头盔式显示器(Head Mounted Display)和 VR 眼镜来更为逼真地观察虚拟物体。这不仅能提升临场感,还能设定产品的使用场景,从而开展符合特定需求的产品研讨和设计构思等,最终提升企划和开发的精度。这里稍作引申,在 VR、AR 的基础上,还有 MR(Mixed Reality,混合现实),通过对这些技术的综合利用,还能为顾客提供身临其境的产品说明和使用体验,因此在营销方面亦有不小潜力。总之,伴随数字化工具的进步,未来极有可能出现重大变革。

灵活利用模块设计

以顾客视角出发，基于产品的性能/功能而切分出的单元，便称为模块。这种通过组合不同的结构单元和部件，生成广泛产品线，并且开发和装配也基于这些单元的方式，便被统称为"模块化"。

在模块化设计中，不必每次都从零开始开发产品，而是通过组合已验证完成的功能模块来进行开发。如图 2-8 所示，一辆汽车被分为车门、座椅、座舱、驱动系统、前端等部分，每个部分有相应的模块，通过组合模块，最终构成了一辆汽车。

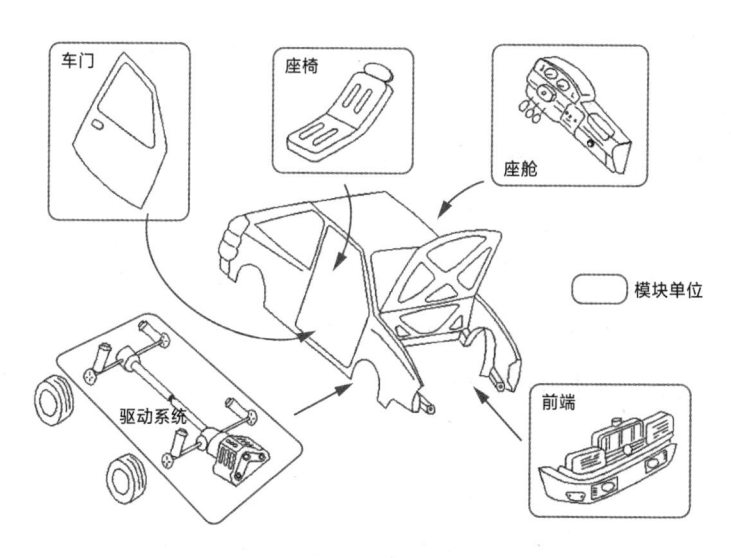

图 2-8　汽车的模块化设计示例

一般来说，在装配构建核心部分时采用模块化，然后通过开发周边功能来实现产品的多样化；或者以模块为单位，对开发进行外包。至于产品模块化的优势，可整理如下：

- 通过通用化，使"低成本量产"成为可能
- 实现了产品多样化，从而易于满足顾客需求
- 使新产品设计简易化，从而缩短开发周期
- 大幅缩短从接单至交货的交货期
- 易于修理，使降低服务成本成为可能

实际上，不仅是上面列举的造车业，在许多装配型产业的许多品类中，模块化都在发挥有形无形的作用。

但凡事皆有利有弊，模块化亦有如下劣势：

- 难以生成革新性的产品和设计
- 难以实现理想化的车辆尺寸和重量
- 容易被竞争对手模仿

因此必须对模块化的优劣皆有清晰的认识。

与模块化思维相类似的方式还包括"平台化"。它确定自家的核心技术，并基于该技术推进产品开发。该思维方式不止步于

单纯的通用化或标准化，而是更高层次的概念。再以造车业为例，许多车企通过几种平台，能够生产出多种衍生车型。这种"平台化战略"能大幅缩短开发周期，并能推进发动机等基础部件的通用化。

要想推进诸如"平台化"和"模块化"等标准化，关键要推进开发流程、设计规范、设计工具以及使用部件的标准化。而在推进部件标准化方面，关键要削减类似部件的种类数，以及对部件进行统合等。说到部件种类，纵观日本制造业，由于过度执着于满足客户的琐碎要求，有的部件只是稍稍改变了一点形状和颜色，就被设定为一种新部件。此外，有时企业在替换设计负责人后，由于接手人对过去的来龙去脉不知情，从而导致不必要的"新部件"不断产生。鉴于此，就需要把握既有部件存在的理由，并有计划地进行精减。

但要注意，如果一个模块被用于多种产品，则会提升"大规模召回"的风险。正所谓"凡事皆有正反两面"，益处必然伴随风险。要想抑制这种风险，就必须实施彻底到位的品质管理。为此，就要积极利用数字开发工具，并在全球范围内实现"品质异常信息数据库"的共享，从而对故障缺陷做到"防患于未然"。

2-3　全球化供应链[①]战略之整体战略与生产·销售·库存[②]计划战略

供应链的整体形态

供应链管理（SCM）是功能横贯型和组织横贯型的制造机制。它能够迅速应对市场和顾客需求，从而促进制造业大幅进步。（图 2-9）其主要功能如下。

·PSI（生产、销售、库存）计划

基于需求预测，确定销售计划。在维持流通库存计划和生产计划的整合性的同时，以开展基准生产计划为目的的一系列业务

·基准信息管理

管理一系列作为"生产管理基准"的信息，包括品目信息、产品构成信息、生产工序信息、机械·设备信息等

---

① Global Supply Chain
② PSI，Production/Sales/Inventory

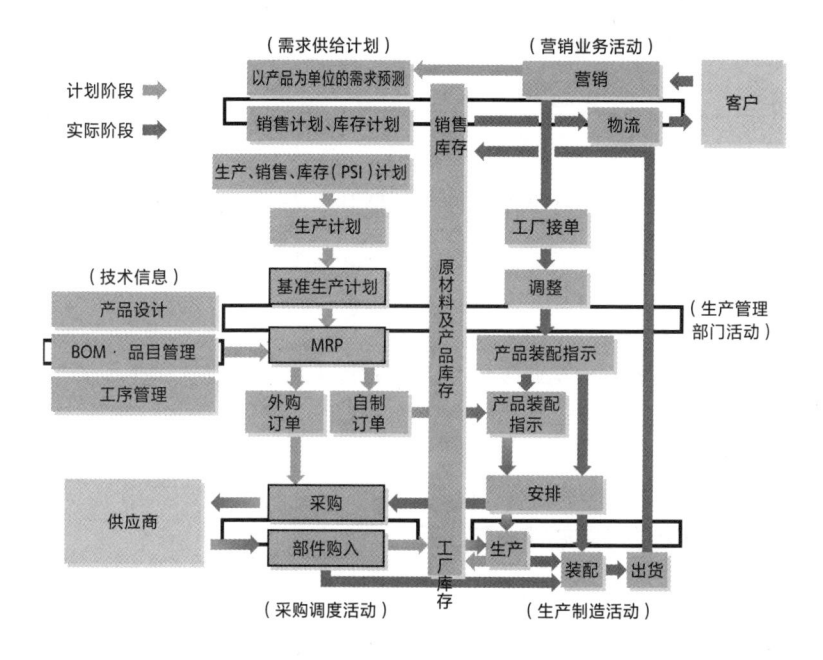

图 2-9　供应链的整体形态

・MRP（物料需求计划）

以生产所需数量的产品为目的，基于基准生产计划信息、产品构成信息、库存信息等，从而计算物料需求量和需求时期的方式

・采购管理

从外部采购、调度物料和服务等资源的作业。旨在确保品质，并实现及时且经济的采购调度

・库存管理

保管物料和产品等资产，并准确实施入库出库的作业。同时

还包括"保持准确的相关信息""维持恰当的库存水准"的管理作业

·工序管理

安排及指示具体生产活动，把握其进度，从而完成生产计划的作业。同时还包括评价相关业绩及进行改善的活动

·物流管理

将供应链（采购调度、生产、销售）过程中涉及和生成的部件及产品进行"合理化移动和搬运"的一系列活动

全球化供应链的使命与课题

供应链管理（SCM）可定义为 5 个发展阶段。从第 1 阶段的"部门间 SCM"直至第 5 阶段的"全球化 SCM"。具体如下：

第 1 阶段：部门间 SCM

·同功能范畴内的各部门（如销售管理、生产管理等）之间的联动协作

第 2 阶段：功能间 SCM

·同业务范畴/公司内部的相关功能（工厂、营销等）之间的联动协作

第 3 阶段：企业间 SCM

·与客户或供应商之类的业务单位之间的直接联动协作

第 4 阶段：End to End SCM

·从终端客户至供应商的整体联动协作

第 5 阶段：全球化 SCM

·与全球范围内的客户和供应商联动协作

导入 SCM 的目的在于减少部门、功能和企业之间因整合不足而产生的浪费消耗（多余的库存和 LT），从而推进效率化。至于因不整合而导致的浪费规模，由小到大的顺序为：部门之间＜功能之间＜企业之间＜国内外之间。也正因为如此，随着导入 SCM 的阶段不断升级，其效果也逐渐变大。

为了缩短 LT，需要一步一个脚印地开展改善活动，从而从整体上缩短下列 LT：

·原材料准备所要时间（计划 LT，采购调度 LT）

·生产所要时间（部件库存 LT，接单 / 指示 LT，生产制造 LT）

·物流所要时间（库存 / 运输 LT，销售 LT，交货 LT）

能够缩短上述 LT 的 SCM 核心系统如下：

原材料准备 所需时间	生产 所需时间	销售 所需时间
需求预测 决定产量 决定部件需求量 采购发单 部件交货期	部件库存 工厂接单 安排 下达生产指示 加工安排 生产制造、检查 出货	物流 流通库存 店头库存 交货、验收 索款
计划 LT　采购调度 LT	部件库存 LT　接单/指示 LT　生产制造 LT	库存/运输 LT　销售 LT　交货 LT

需求预测及生产、销售、库存（PSI）计划	采购管理
基准生产计划及需求量计划	库存管理
工序管理	物流管理

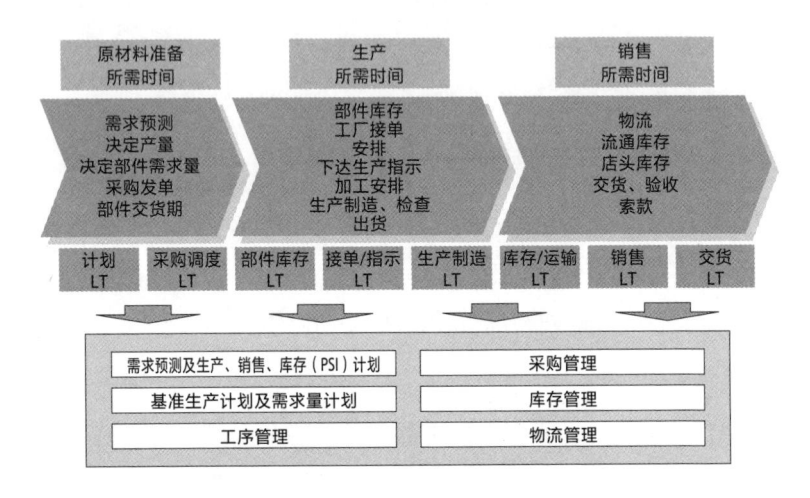

图 2-10　缩短 LT 的计划

- 生产、销售、库存（PSI）计划
- 基准生产计划及需求量计划
- 工序管理及工序改善
- 采购管理
- 库存管理
- 物流管理（包括进出口）

这一节将基于上述活动和举措的核心，阐述在供应链中开展联动协作并创造协同效应（Synergy Effects）的具体方式。

全球范围内的需求预测及 PSI 计划

关于从销售至生产的计划种类,可归纳为表 2-2。

表 2-2 生产计划的分类

计划种类	需求状况	目的	计划周期	计划时间单位	计划对象单位
中长期计划	大体推测	·中长期经营计划的一部分 ·与设备、人员、资金相关的长期计划	3~5 年	年	产品组
年度生产计划	推测	·确保经营计划的利润 ·利用和计划产能 ·机械、设备计划 ·资金计划 ·战略性部件补贴	6 个月~2 年	月	产品组或产品品目
月度生产计划	大体确定需求量及内容	·筹备部件、材料 ·指定所需人员数和时间 ·出勤、加班计划 ·外购品的需求量计划	1~6 个月	日或周/旬	产品品目

若基于"提高客户服务质量"的视点,则制订生产计划的优先目的便在于"实现全球范围内的合理资源分配,从而确立保证交货期的机制",以及"确立迅速应对变化、抢占先机的预测机制,从而满足客户细致琐碎的要求变更"。

全公司中长期计划/年度计划

全公司中长期计划/年度计划也被称为 S&OP（Sales and Operation planning，销售与作业计划），其基于需求预测，确立销售和生产计划，在充分审视前景的前提下，确认人、物及设备是否充分。若人手不足，则讨论产能提升计划的追加或新员工的招聘；若物料不足，则寻找并确保新供应商等；若设备产能不足，则采取缩短生产周期或提升运转率的对策，如果依然不足，则探讨增加及强化设备。

月度生产计划

月度生产计划一般被称为 PSI（生产、销售、库存）计划。它是营销部门和生产部门相互整合、决定产量的机制。通常以月度（或周度）为频率召开例会。在会上，双方会基于最新信息，确认人、物、设备的准备情况，同时确认出勤、加班计划和库存的增减，并算出工厂所需的人员数量。此外，该计划还会发给自家工厂或供应商，发给前者的便成了内部指示，发给后者的便成了确定计划。

这种确立生产计划的基本流程是共通的，哪怕是全球化大企业，其实施的目的和流程也大致相同。当不同工厂之间的部件调度或从他国进行调度时存在巨大的条件差异，一个有效的解决方法是"设立对 PSI 进行一元化管理的中心，并将库存责任也集约至一处"。营销部门致力于获取信息、创造卖点、扩大销售，实务部门致力于实际作业（生产制造），工厂则负责落实生产计划及日程计划。若从缩短生产LT的角度出发，则需采取以下措施。

一是"提升需求预测的精度"。其具体手段多种多样，包括"将接单概率分级后开展预测""利用最新的需求预测软件"等。不管采用哪种手段，在提升精度这个"老难题"面前都难言特效。预测出的数据大都用于内部指示，关键要审视其精度水准，并且在应用时设置补救手段作为预测失误时的"保险"。

二是"加快处理订单的速度"。即尽快获取营销部门的接单信息，并迅速更新相应的生产计划。比如，若能以月度计划为基础，搭建以周度甚至日度为频率更新的轧制程序表（Rolling Schedule）型数据库，便能及时处理订单。

三是"迅速决策"。为了完成生产计划，要及时确认人、物、设备这"生产三要素"是否充分。要具备迅速及时的反应机制，从而应对突发的需求变动等巨大变化。

基准生产计划及物料需求计划

MPS（Master Production Schedule，基准生产计划）是将生产计划细化至"工厂日常活动"层级的手段。在制订该计划时，要确认工厂产能，制订可行的能力计划，并针对产品或每个部件的具体品目，确定产量及生产日程等。

MRP（Material Requirements Planning，物料需求计划）是针对既定产品数量，计算其所需原材料及部件数量的手段。基于该计划，将"必要的部件材料"，在"必要的时间"，以"必要的量"进行生产或采购。（图 2-11）

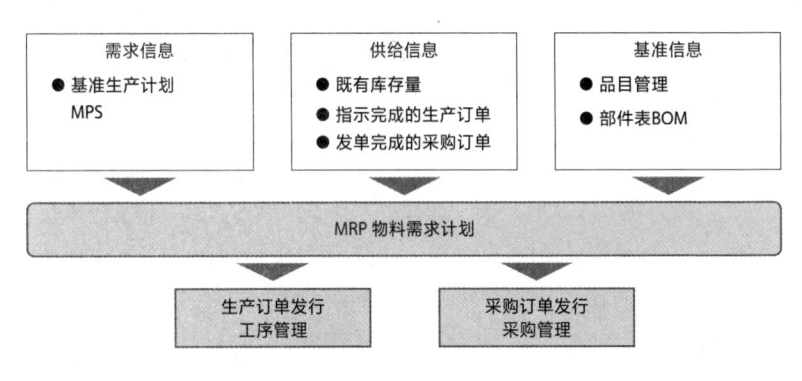

```
┌─────────────────┐  ┌─────────────────────┐  ┌─────────────────┐
│  需求信息        │  │  供给信息            │  │  基准信息        │
│ ● 基准生产计划   │  │ ● 既有库存量        │  │ ● 品目管理      │
│   MPS           │  │ ● 指示完成的生产订单 │  │ ● 部件表BOM     │
│                 │  │ ● 发单完成的采购订单 │  │                 │
└────────┬────────┘  └──────────┬──────────┘  └────────┬────────┘
         └──────────────────────┼──────────────────────┘
                    ┌───────────▼───────────┐
                    │   MRP 物料需求计划     │
                    └───┬───────────────┬───┘
            ┌───────────▼──────┐  ┌─────▼──────────┐
            │  生产订单发行     │  │  采购订单发行   │
            │  工序管理        │  │  采购管理      │
            └──────────────────┘  └────────────────┘
```

图 2-11 MRP 的流程

在 MRP 中，尤其在变更计划时，其影响会波及各处。因此，一旦出现客户对订单的变更要求，或者由于生产方的设备或品质问题等所导致的变更，则需要及时进行沟通和讨论。虽然不同行业的具体情况可能不同，但一般来说，最好设定周度（日度则更理想）频率的例会机制，以共享 MRP 重新计算后的最新信息。

生产计划的内部指示和确定计划

生产计划广义上可包括 S&OP、PSI、MPS 和 MRP。在运用 SCM 方面有一个关键问题，那就是"如何区分生产计划中的内部指示和确定计划"。虽说生产计划的预测精度和接单情况是影响因素，但最重要的还是"避免含糊不清的运用"。因为后者不但会产生不必要的混乱，而且有时会导致供应链相关部门之间的信用问题。引起混乱的主要情况是"明明是确定计划，却反复变动"。要想减少变动，尽早确定日期和时间即可，但受制于部件的采购调度 LT 和生产的批量规模（Lot Size）等因素，有时 LT 会拖得很长，于是陷入两难境地。

以造车业为例，在月度计划中，针对每项产品和部件下达内部指示。其完成情况以旬度或周度的频率更新，然后落实至每日计划，最终在最后几天内出台确定计划。这种"到最后期限才算出确定日"的方式，或许在造车业中还算行得通。但纵观整个制造业，的确也在以"基于确定计划开展生产"为目标，不断改善改进，从而缩短生产 LT，消除无谓浪费。关键要将自身的实际情况考虑在内，从而设定最为合理的"确定期间"，并加以运用。

全球化库存管理和库存削减

企业的许多活动都会产生库存。其中的典型有产品库存、制品库存、半成品库存、部件库存、原材料库存等。此外，诸如油脂类等"间接原材料"也属于库存管理的对象。在当下重视现金流的大环境中，"合理的库存管理"是企业经营的重中之重。

库存管理的目的在于，考量产品畅销度、部件调度情况和手头的库存量，从而实现"只保留必要的库存量"，从而灵活应对变化并确保按时交货。此外，就像合理运用资金那样，"抑制库存量"亦非常重要。换言之，必须将"应对需求"和"抑制库存"这两种二律背反的要素以可持续方式管理。（图2-12）

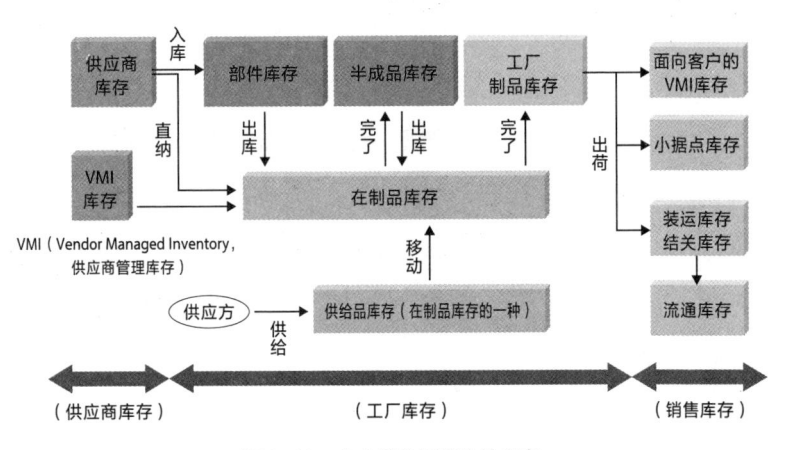

图2-12 企业活动所产生的库存

从供应链的角度看，"广域查询库存"的需求不断高涨，即"世界各地的员工想查询其他地方的库存信息"。比如"为了回答交货期，营销部门负责人想查询工厂的制品库存""工厂为了决定生产计划的优先顺序,想查询流通库存以作参考"等,都属于这类需求。当然通过电话或电邮也能问到,但毕竟效率较低。因此企业需要搭建全球共享的数据库,从而满足该需求。

至于削减库存,则与"缩短生产LT"相关联。精益生产中存在一种名为价值流程图(Value Scream Mapping)的手段,它把供应链的全部信息与实际物流整理在一个图表中,使问题可视化,从而推进改善活动。这在海外的全球化制造企业中较为流行。至于其改善的着眼点,可归纳如下。

· 部件标准化、削减部件的件数

· 提升确认日期和时间的进度,从而提升计划精度

· 强化销售与生产的联动协作(平准化生产)

· 缩短生产周期[缩小批量规模(Lot Size)]

· 设定与生产形态相符的存货要点

· 合理安排部件的发单、进货方式(高频多次)

· 通过ABC(Activity Based Classification)分析法[①]来管理重要产品和部件

· 构建PULL(拉动)型生产方式(看板方式)

· 提高库存精度

· 削减物流库存(运送途中及仓库库存)

---

① ABC分析法是一种根据"帕累托最优原则"所设计的分类法,它是确定库存等级的技术,常用于物资管理。——译者注

不管在何种情况下，上述对策都需要通过生产制造、生产管理、采购、生产技术等相关部门之间的协作来推进。

2-4　全球化供应链[①]战略之生产实施型战略

工序管理与工序改善

工序管理基于"确保必要量，遵守交货期""确保品质，杜绝次品""减少在制品数量和库存量""提高设备、人员的运转率""及时报告品质、生产进度信息"等目的，管理生产3要素（人、物、设备）。

工序管理系统[②]（MES）

由于"按照工序特征构建"的特性，工序管理系统多种多样，但其主要功能可归纳如下。

·生产指示

以需求量为基础，考虑设备产能、安排时间、运转率等因素，

---

① Global Supply Chain
② 制造企业生产过程执行系统，Manufacturing Execution System。

制订最为合理的批量规模及投入顺序。在使用看板的情况下，有时也会将 MES 用作电子看板

・数据收集

以前一般只收集生产业绩和部件使用情况的数据，近年来还开始收集品质履历数据。此外，对批量（Lot）附带条件、有无修正记录、检查数据等的收集工作，如今也逐渐成为工序管理的重要环节

・作业业绩评价管理

以标准时间为理想目标，通过审视业绩与它之间的差异来评价工作表现，商讨改善对策。除了简化输入终端外，利用摄像头、传感器等装置来更为准确地记录作业时间

・工序基本信息管理

负责设定及更新作业指示书和标准时间等。标准时间不但关乎成本计算，还涉及工序说明的正确性以及实操时的遵守情况。再加上后二者与品质问题息息相关，因此其重要性日益增加

安排调度（Scheduling）

从"缩短生产 LT"的角度看，安排调度中充满学问。此处介绍具有代表性的 3 种。

- "摊负荷"[①]

此为分配产量的作业。当部件种类繁多、对应工段各异、安排时间或作业技能存在制约时,决定每日的产量分配与生产顺序便成了十分复杂的流程。此时,要想在保证效率的前提下安排调度,则唯有业务熟练的日程负责人方能做到。(图2-13)

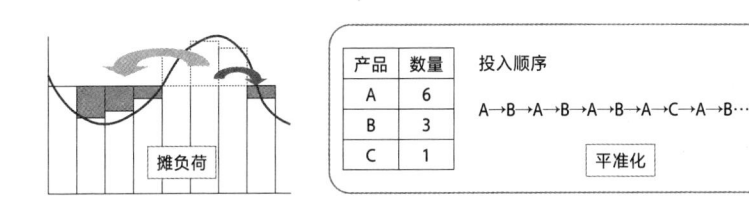

图2-13 摊负荷与平准化的差异

- 平准化

该手段通常用于最终工段的装配线。它能抑制装配线内作业量的分布不均,并使自制部件及采购部件的流速实现平均化。与"摊负荷"相同,它也需要将各种制约条件考虑在内。其虽无法单纯计算,但基于"目标追踪法"的计算式对其适用

- 批量调度(Lot Schedule)

其包括传统的"批量规模决定法""定量发单模式""定期发单模式"等。实践中较为普遍的手段是"以安排次数的制约为前

---

① 根据生产能力制订生产计划。——译者注

提，通过'量产品高频，非量产品少量'的方式，实现库存最小化。"不管哪种方法论，要想求得最接近理想状态的值，"依靠AI"是一种值得期待的解决方案。目前，相关研究正在推进

工序改善

制造业改善活动的着力点是"通过改善工序和流水线，缩短生产LT"。对此，有两种手段较为有效，一是"缩短工序所耗时间"，二是"减少批量规模"。

缩短工序所耗时间的方法包括缩短加工时间、将工序统合或直连、流水线化、减少工序间缓冲、提高直行率等。这些理念取自细胞式生产方式和U字生产线等。通过将流水线"紧凑化"，大幅缩小其占地面积，提升空间利用率。

而要减少批量规模，则必须缩短安排时间。相关改善手段有无缝安排化①、改良铸具夹具、设置专门从事安排的作业人员等。而其终极形态是"一个流生产"。此外，数控化的机械加工中心（Machining Centre）和采用智能夹具的FMS（Flexible Manufacture System，柔性制造系统）等技术的进化也发挥了巨大作用。

---

① 无须让机器设备停止的生产安排方式。——译者注

全球化采购（调度）管理

采购（调度）量产产品所需部件等物料的作业包括发单、交货期管理和检查/验收。即便是全球化规模的大企业，若以工厂为单位观察，无论在哪国，其采购（调度）管理的基本流程皆相同。但发单和运输由于涉及跨国，中途的进出口手续、船运/空运，以及保管仓库和相关运输等，要处理的事务较为繁杂。在签订合同时，还要注意价格性质的不同，如出厂价格（Ex Factory）、离岸价格（Free on Board，FOB）、到岸价格（Cost Insurance and Freight，CIF）等，以及国家风险（Country Risk）和汇率变动风险。（图2-14）

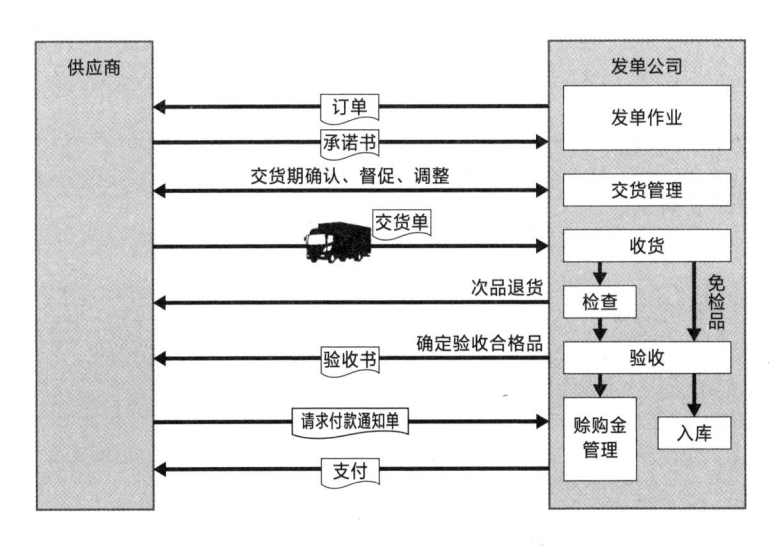

图2-14 从发单至交货的作业流程

至于缩短生产LT的典型手段，则包括内部指示确定发单、VMI（Vendor Managed Inventory，供应商管理库存）和看板交货。

内部指示确定发单

事先预测数月后的所需量，并将结果作为内部指示，然后在日期临近时确定订单并下达交货指示。通过事先的"内部指示数量"，供应商已提前进好了生产所需的部件，因此能够缩短交货期。但若出现实际生产与计划不符的情况，交货与生产便无法同步，此时需要进行调整。

VMI

供应商在最终成品装配商（Set Maker）所在地附近的仓库或工厂内存有部件，供最终成品装配商需要时取用，取用时算作"发单后即刻交货"。最终成品装配商告知供应商生产计划，供应商则根据该计划决定VMI仓库中的部件数量。

看板交货

下单方式基于"内部指示确定"方式，但在下达交货指示时使用看板。将工序中所消耗的部件数量记在看板（外购部件交货看板）上，要求供应商立即交货。即便实际生产与计划不符，也能按照消耗量补充部件。

纵观在全球范围内拓展业务的制造业企业，其往往采取两种采购方式——"全球规模的集中采购"和"现地采购"。全球规模的采购调度有时会带来地理层面的劣势，在"缩短生产LT"方面有起到反效果之虞。但随着ICT（Information and Communication Technology，信息通信）技术的进化和发运人（Forwarder）业务的拓展，跨国采购已不再那么困难繁杂。

若想在全球范围内确保优秀供应商、降低采购单价、改善采购作业效率等，就应该灵活运用ICT系统。其中典型的是SRM（Supplier Relationship Management，供应商关系管理）系统，它是从设计到采购、调度的统合型业务改善机制，共享"潜在供应商候补""供应商分类信息（经营、技术等）""交易记录""QCD（质量、成本、交货）管理业绩""合同""采购流程""协作履历（开发、试制）"等信息，能用于设计开发至交货期管理。

全球化物流管理

物流可分为两大类——"工厂内部物流"和"厂内厂外物流"。前者除流水线化的工序外，各工序之间往往使用物流台车、叉车或拖车等搬运工具。后者则包括调度物流、生产物流、销售物流、回收物流，即从生产制造到市场流通的一系列供应链环节。

缩短物流LT

说到缩短物流LT，首先想到的是"提高运输频率"，但高频会导致每次运输量的减少，从而使物流效率低下。为了解决该问题，发展出了"循环取货"（Milk Run）和"混装运输"方式。物流行业在以前就有"铁棉混装"的说法。在把货物装到卡车上时，有时货物的重量成为瓶颈，有时货物的容积成为瓶颈。基于消除瓶颈、实现最大装载量的想法，便有了"铁棉混装"这句行话。

要想让"厂内厂外物流"接近这种理想状态，企业不仅需要从内部着手，还必须实施"共同运输"的战略。比如寻找数个合作伙伴，相互"搭伙互补"；又比如委托大型物流公司，将自己的货物混装其中。近年来，TMS（Transportation Management System，运输管理系统）的应用逐渐活跃，它具备掌握货物运输情况的"状态追踪功能"和选择最佳运输路径及手段的"分派调度（dispatch）功能"等。再加上与 GPS（Global Positioning System，全球定位系统）的结合，不但使车辆位置可视化，还做到了合理调度车辆、提高送达客户的物流服务质量，从而实现了节省能耗等目标。可见，通过运用该系统，既能提升混装率，又能缩短 LT，可谓一举两得。（图 2-15）

另一种缩短 LT 的对策是"尽量减少物流中的停滞"。支撑"数据与实物一致"原则的 RFID（Radio Frequency Identification，无线射频识别技术）能够在广阔的距离范围内"隔空读取"物件信息，因此是提升内外物流效率和物流"流速"的利器。而仓库管理系统（Warehouse Management System，WMS）则使仓库内的

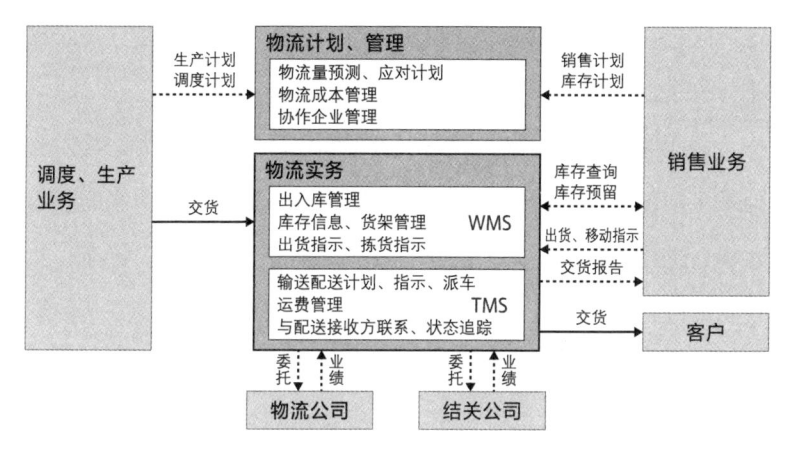

```
                        物流计划、管理
            生产计划     物流量预测、应对计划      销售计划
            调度计划     物流成本管理              库存计划
                        协作企业管理

调度、生产              物流实务                              销售业务
业务        交货                              库存查询
                        出入库管理              库存预留
                        库存信息、货架管理   WMS
                        出货指示、拣货指示                     出货、移动指示
                                                              交货报告
                        输送配送计划、指示、派车
                        运费管理             TMS
                        与配送接收方联系、状态追踪   交货       客户

                        委│业        委│业
                        托↓绩        托↓绩
                        物流公司      结关公司
```

图 2-15　物流业务流程

货物入库、库存管理、出库等作业趋于合理化。通过这样的组合运用，便能彻底实现"先进先出"，并减少被称为"陈年积雪"[①]的长期库存品。

运输机器的进化

在日本国内，运输的主要方式是卡车、铁路和船舶运输。若成本权衡有利，也可选择飞机空运。而近年来，无人机、小型遥控飞机等飞行器的应用实测在如火如荼地进行。此外，一旦自动驾驶发展到一定程度，物流卡车就能像工厂内部的无人搬运车那样，把货物自动送至目的地。实际上，一些汽车制造商正在开展

---

① 比喻的修辞方法，取其"长期不化"之意。——译者注

这类研究。企业应关注这种物流机器的进化动向，描绘"高效物流"的战略蓝图。

而所谓全球化物流，即跨越国家和地区的运输行为，其需要处理多项复杂作业，并协调各种运输手段，比如多个国家的国内运输、进出口手续、海上运输、货物处理等。为了减少停滞，实现"顺畅物流"，"通过电脑系统或网页来简化手续"等方式前景广阔。

日本作为岛国，海上运输是海外物流的主要手段。但其耗时较长，货物要送到欧美，往往得花1个月左右的时间，因此相应的"备货库存"也较大。如今，航空运输网大幅进步，全球发运人（Forwarder）的报价也趋于合理，因此对于一些体积不太大的货物，可考虑空运的余地渐渐变大。总之，需要考虑斟酌"成本"和"现金流"两方面，从而实现效率化的物流。

2-5 全球化资源管理[①] 战略

综合型生产系统

以从生产管理系统发展而来的"系统群"为基础,再与成本管理系统组合而成的综合型生产系统,其在欧美制造业内盛行。其中的代表是名为"ERP"(Enterprise Resource Planning,企业资源计划)的成套系统。(图 2-16)

ERP 系统等于是"MRP 生产管理手段"+"企业常规经营活动"的产物。即把"节约资源""提升生产效率"的理念应用至企业经营。一般来说,ERP 涵盖 PSI(生产、销售、库存)计划、基准信息管理、物料需求计划、采购管理、库存管理、工序管理、物流管理这一系列 SCM 要素,以及成本管理。最近,一些企业还把人事管理系统追加至 ERP。

---

① Resource Management

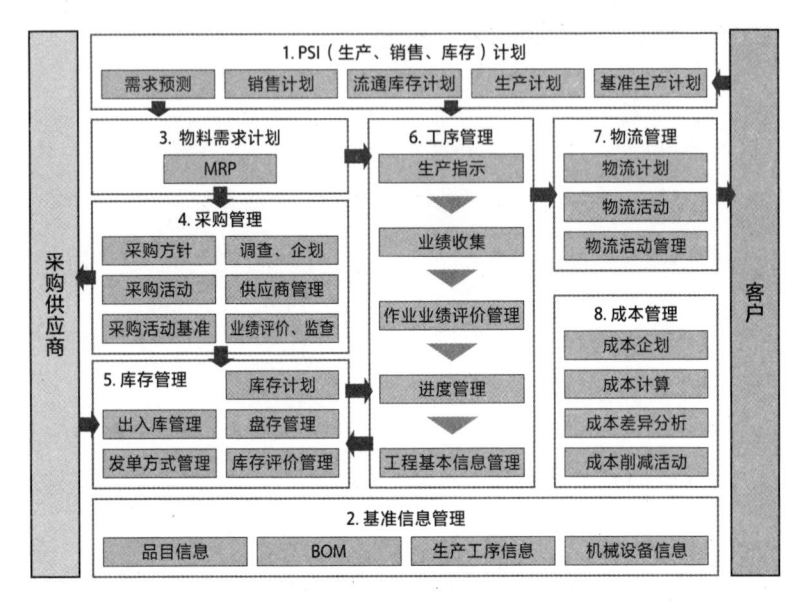

图2-16 综合型生产系统的整体图示

纵观日本制造业，使用ERP系统的企业也在逐渐增加。但与国外企业相比，推进速度还是相对迟缓。此外，不少日企在使用ERP系统时，往往将应用范围限制在"成本管理"这一块。其主要原因有二，一是成套ERP系统的导入和运维费用较高，若企业不具备一定规模，则难以负担；二是既有的自家系统历史较长，经过长期改良，各方面用起来都很"顺手"，因此对于"让既有业务去迎合全新的ERP系统"，往往抱有较强的抵触态度。在"业务全球化"方面，用标准化的数据库进行统合的确很有效，但其缺乏灵活性，对于重视"应对客户细微琐碎要求"的日本制造业而言，其覆盖的业务和作业仍然过于粗放。

在探讨这类综合型系统时，不仅要探讨导入事项，还要决定"在业务全球化的过程中，将作业和业务的标准化推行至何种程度"这样的大方针。有若干相关的决策选项，比如"使用成套系统，像欧美企业那样由上至下强推改革""将'全球'和'本土'进行区分，设置阶层，推进整合""实际业务维持现状，但在IT系统方面强推联动整合"……但不管哪种方式都是一长一短，优劣并存。

ICT系统层面的课题亦不少。比如"各生产经营点之间品目编号方式差异的课题""拥有多个工厂BOM时的管理方式""全球范围内的网络构建""统一会计科目代码（Code）的课题"等，哪个课题都不简单。

从长远来看，"统合系统"是大势所趋。企业应综合供应链、资源管理、工程链ICT系统，基于广阔的业务角度和实现"国际水准"的崇高志向，得出最适合自身的答案。

运用ERP系统的管理会计

ERP系统在成本管理及管理会计方面的应用事例较多。从某种意义层面来说，ERP系统就是一副宽大的"骨架"，企业应从自身情况出发，赋予自身数据以附加价值，从而推进系统导入。至于其附加价值，"与成本相关的数据"便是典型。

"管理会计"是面向企业经营管理者的会计信息，其在管理层决策、组织内部业绩测评、实际业绩评估、把握公司现状等方面皆能发挥作用。管理会计的周期设定较为灵活，可以以月、以周，甚至以几个月为一个管理会计周期进行设定。其形式也无限定，因此企业可以自主设定。管理会计还能分析部门、产品、服务的收益和劳动分配率，以及盈亏分界点等，是思考今后企业经营战略的参考素材。

管理会计涉及的具体信息如下：

· 成本计算（产品、部门、客户、个人折旧、损益计算等）

· 变动损益计算书（分析盈亏分界点）

· 现金流分析、经常性收支计算

· 经营分析（安全性、收益性、生产性、成长性）

· 预算管理、预算与实际业绩管理

在制订企业将来的经营计划时，管理会计的数据可以被分析和利用。此处介绍两种典型的利用方式。

（1）通过分析"盈亏分界点"，把握变动费用和固定费用

企业经营所产生的费用可分为两大类——与销售额成正比的"变动费用"和与销售额无关的"固定费用"。这两种费用的合计值"总费用"与销售额的交点便是"盈亏分界点"。（图2-17）

如果"利益线"不在盈亏分界点的上方,就需要分析优化成本以及削减费用等。调整变动费用较为容易,但其效果只在一时。与之相对,削减固定费用较为困难,但一旦成功,其效果能长期保持,等于能长期促进利益增长。

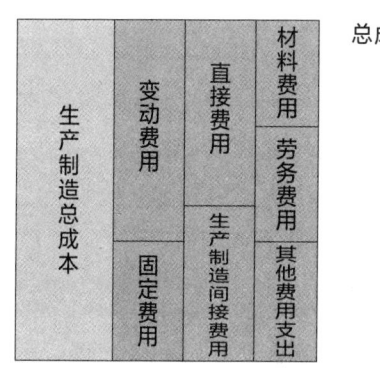

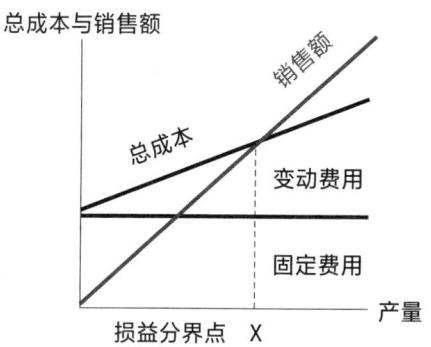

图 2-17 制造业的费用结构及盈亏分界点分析

(2)通过"变动损益计算书"来分析"附加价值"

变动损益计算书不同于一般的损益计算书,它将"销售费用及一般管理费用"项目分为变动费用和固定费用,分别集计,从而算出"边际利润"。

边际利润是"销售额-变动费用"。而"边际利润-固定费用"便求得了"贡献利润"。若贡献利润为负值,则可认为相关业务未能赢利。

贡献利润与人员费用和支付利息等相加，便得到了"附加价值"。通过审视附加价值，能明确得知企业的资源（人、物、钱）究竟创造了多少价值。由此便能把握"创造多少销售额才能赢利""创造多少销售额才能回收费用"，并发现"入不敷出"的部门和服务。

像这样导入管理会计系统，高效运转 PDCA 循环，自然是人人希望的理想状态。但要让各种要素到位，却伴随着亟须解决的困难，其中之一便是"定义和运用项目账目代码（Code）"。全球化规模的企业大多产品、部件、原材料种类繁多，旗下拥有子公司和关联公司，在多个国家开展业务，因此统一项目账目代码绝非易事。如果再通过 M&A 等手段而吸收了新公司或业态，那么费用分类差异等问题就会变得愈发纷繁复杂。必须制定明确的规则，且必须切实遵守规则。

此外，成本单位[①]管理也费时费力。比如调查原先不存在的成本单位，或是维护既定的成本单位……这些都必须要做，也确实耗费精力。但如果想利用这些数据，让它们在作决策时发挥作用，这些作业就必不可少。

[①] 成本单位是指生产 1 件特定产品所需的原材料、劳动力、费用等各生产要素的标准投入量。——译者注

全球化会计与成本管理

全球化会计旨在跨越国籍和制度，针对集团的多元化业务，对集团旗下各公司的会计信息进行统合。在进行联结决算时，传统方式是变换组织个体会计的账目科目，然后"缝补拼凑"。但全球化会计则不同，其使用基于国际会计基准（International Financial Reporting Standards，IFRS）的联结会计功能信息系统，只对显示的联结决算输出结果实施统一基准。至于会计统合，则以母公司主导的综合系统为核心，循序渐进地推进标准化。

在全球化企业的资金管理方面，"规避汇率变动风险"及"对现金实施一元化管理"的机制在不断推进。在税务方面，对"基于国别的销售额"计算精度（其属于联结成本计算范畴）的要求在逐年增加，具体方法包括"将不同国家和地区的特惠关税适用申请考虑在内"等。

所谓成本管理活动，包括设定成本标准、记录并计算实际成本额，以及将二者进行比较后分析差异，进而尝试削减成本。若在全球范围内开展生产协作，1件产品就会涉及多个工序和工厂，从原材料调度、部件生产到半成品制造、最终完成的一系列生产制造工序会呈现"分散化"。不仅如此，再加上各工厂的生产批量（Lot）各异，以及运送费用、关税、内部利润合计税和出口国的法人所得税，要想一气呵成地计算产品成本就变得较为困难。尤其是发单公司的外购费一旦"黑箱化"，就会对成本企划造成阻碍。

基于上述特性可知，由于涉及多制度、多工厂的联结成本计算需要集团内的信息联动，因此纷繁复杂，费时费力。在全球化成本管理中，以下实务课题必须克服。

·各企业的当地品目代码（Code）变换为集团统一代码

·在品目中添加关税（HS）代码

·完善基于关税协定的原产地证明信息

·添加接单企业的生产指示及交货单上的订单号

·将接单企业的当地费用项目变换为集团统一费用项目

·添加接单企业外购费的材料费、加工费明细

·添加接单企业发给发单企业的品目物流费、内部利润、法人税分配信息

·根据当事者所在国家或地区，确定与当地转让定价税制[①]相适应的买卖价格

要想解决这些课题，若采取统合系统的方法，则要耗费大量成本和时间。为此，能以较为简易的方式实现"各据点间信息联动"的RPA（Robotic Process Automation，机器人流程自动化）逐渐受到关注。

---

① 转让定价税制即Transfer Pricing Taxation，它是指各国针对转让定价所采取的种种税收措施。——译者注

在跨越国境的"集团内交易活动"中，根据转让定价，公司或工厂之间的利益分配会出现偏差。鉴于此，需要基于国际税务协定，制定定价原则。一般的规则是，哪怕集团内部交易，其涉及的产品或部件的价格也要和外部交易一致。对于不存在外部交易的产品或部件，则根据买卖双方对联结销售利润的贡献比例来分配。这被称为"贡献度利润分割法"（Contribution Profit Split Method）。由于它较为易用，因此在实施联结成本计算方面被寄予厚望。（图2-18）

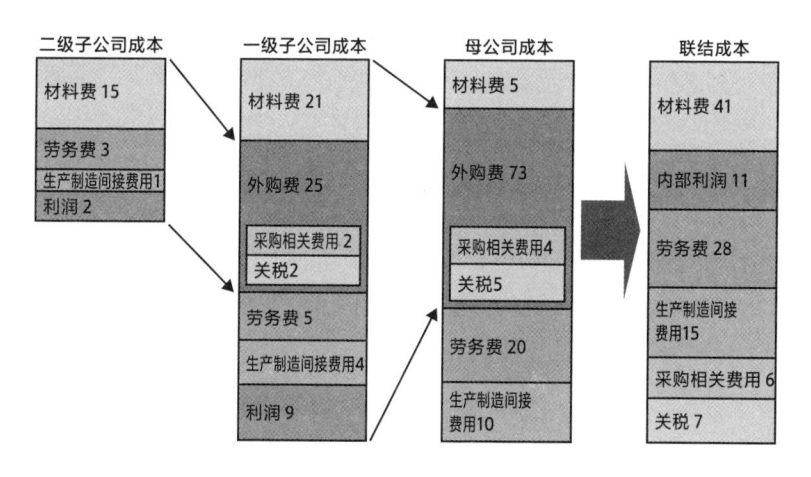

图2-18 国际联结成本管理图

基于多国间关税协定，要想享受相关协定的优惠，就必须证明相关产品在协定缔结所在国内的加工程度较高。为此，在计算成本时，就需要评估产品工序图、附有 HS 代码（Code）的部件表、生产制造成本明细，以及附加价值率。

第 3 章
全球化工程链的未来形态

3-1 全球化制造业的难题与成功法则

本节将会围绕全球工程链的核心改革主题——"前载"（Front-loading）、"模块化设计"、"产品生命周期管理"（Product Lifecycle Management，PLM）进行阐述。

前载

所谓"前载"，即摒弃"产品开发只是开发部门的工作"这种传统思维，让与后续工段供应链相关的生产制造、采购、品质保证、服务技术、营销、财务等部门皆参与开发，建立"全公司齐心协力搞开发"的机制。这可谓"上游管理"范畴的典型改善策略。市面上有很多关于前载的书，本书则基于"全公司一起动员的上游管理"的意义层面，从以下四方面出发，对其进行说明。

（1）关注采购调度的产品设计

基于前载思维的设计环节，会把采购调度考虑在内。其中的关键是"优先使用推荐部件"。一旦使用推荐部件，就不用再开发新部件。其在采购易度、部件品质、采购成本方面都有优势，还对优化新产品的开发LT、提升产品品质、控制生产成本方面起到了巨大的帮助作用。此外，其与"部件标准化"亦息息相关，有助于削减工厂的品目数量和库存。

图 3-1 展示了开发 1 种新部件所需的流程。由此可见，使用推荐部件能节省多少作业和LT。

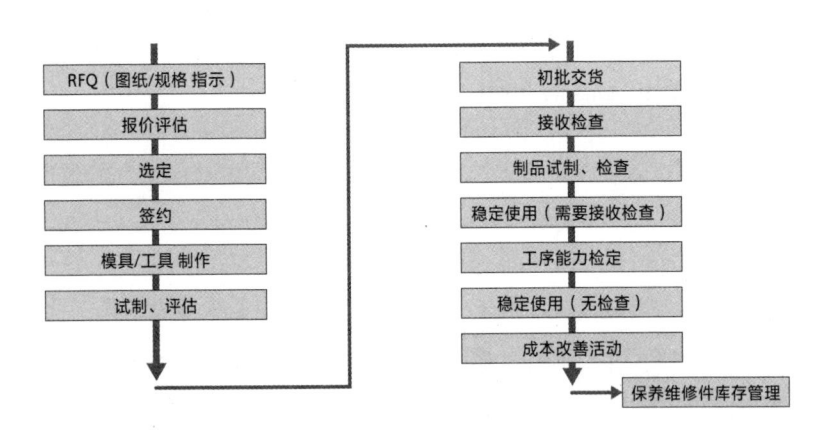

```
RFQ（图纸/规格 指示）      初批交货
报价评估                  接收检查
选定                      制品试制、检查
签约                      稳定使用（需要接收检查）
模具/工具 制作             工序能力检定
试制、评估                 稳定使用（无检查）
                         成本改善活动
                         保养维修件库存管理
```

图 3-1　新部件开发流程

（2）关注生产制造的产品设计

基于前载思维的设计环节，还会把生产制造考虑在内。其中的关键是"关注生产线的简易化和单纯化"，要想提升生产线的灵活性和可塑性，就要尽量以"通用设备"来设计生产线。这样

能够减少新设备的投资，以既有设备开展生产。至于生产方式［生产线生产方式、细胞式生产方式、批量（Lot）生产方式、"一个流"生产方式等］，也必须基于"通用设备"的思维方式进行设计，而这十分考验生产制造部门的技术和知识水平。

（3）关注服务的产品设计

基于前载思维的设计环节，还会把服务考虑在内。其中的关键是"采纳'自我检测/自我修正'，或者'远程检测/远程修正'的概念"。产品一旦有异常，往往首先被身为实际使用者的客户发现，而如果机器拥有自主发现故障的智能水准，便等于是拥有了"自我检测"功能。如果其再进一步，能够自我修复，便是所谓的"自我修正"功能。

与之相对，远程检测/远程修正不依靠机器自身，而是以网络为媒介，由生产制造方负责操作。早在大型计算机和流程控制电脑兴起的时代，远程检测/远程修正就已存在。但该技术今后能够逐渐"下放"至复印机、打印机等较为廉价的中小型办公设备以及信息类家电产品。随着IoT和AI技术的发展，该领域的发展会进一步加速。

（4）关注环境的产品设计

基于前载思维的设计环节，还会把环境考虑在内。在全球污染和全球变暖的大环境下，"环保"日益成为产品开发中的一个关键词。其具体内容可归纳如下：

- 使用易循环的材料
- 简化产品和部件的构造，削减部件数量
- 使用标准件和推荐件，推进模块化，削减部件件数
- 提升产品和部件的可靠度，延长产品寿命，减少废弃量
- 避免对产品和部件品质的"过度设计"，减少资源浪费
- 采用易于再利用的设计
- 采用易于运输及回收的设计

若切实履行上述要点，便能实现"环保的产品开发"。此外，基于承担企业社会责任（CSR）、提升企业形象和产品品牌形象，"关注环境的产品设计"也变得愈发重要。

模块化设计

所谓模块化设计，是在产品存在多个版本的情况下，通过数个模块的排列组合，实现产品多样化的设计方式。要想实现"模块化"，应具备以下条件：

- 能独立定义功能和规格等
- 具备品质保证单元

·具备生产效率较高的整合方式
·模块之间的接口较为简洁
·能通过组合少量模块来生成多种产品

模块化的目的和效果如下：

·在开发、设计阶段，通过将产品开发项目分割为基于模块单位的子项目，从而使"保持合理的项目管理单位规模"成为可能
·在生产阶段，由于生产线基于模块单位设定，从而提高了生产线的简易度和灵活性
·对销售部门而言，由于模块组合实现了最终产品的多样化，使应对客户的交涉要求和订单内容变得更为迅速
·对服务部门而言，由于模块决定了服务备件（Service Parts）的供应单位，因此精简了服务备件的种类，从而削减了服务成本，提升了服务水准

若从 SCM 的视角出发，推进模块化设计的最大目的则在于"将'按订单预留的库存类型'转变为'模块型'"。与单纯预留成品库存的手段相比，面对多样化订单，该方式能将库存风险降至较低程度。此外，与单纯预留部件库存的手段相比，该方式能缩短交付 LT，其缩短的时间即为"从部件装配至模块的所需时间"。（图 3-2）

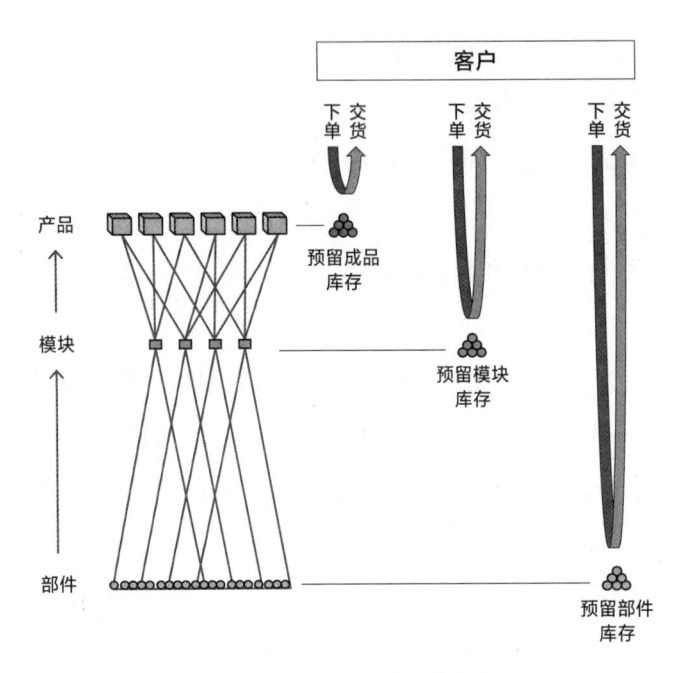

图 3-2　模块化与预留库存类型

在权衡"交付 LT"和"库存风险"时，对于"该如何设定按订单预留的库存类型"的问题，并无一成不变的答案。但在原本只有成品/部件这两个选项的基础上，加上一个"模块"的选项，已可谓意义非凡。

产品生命周期管理（Product Lifecycle Management，PLM）

工程链的关键在于，不要把工程链单纯视为位于供应链上游的产品开发流程,而应基于PLM思维,即着眼于产品生命周期,对于不再创造收益的产品,则要尽早予以退市,并迅速投放具有竞争力的后续新产品。

表3-1是波士顿咨询公司(Boston Consulting Group)所确立的PPM(Project Portfolio Management,项目组合管理)方式。

PPM将市场份额和市场成长率分为4个象限。对各象限的产品分别冠名以"问题儿童""明星""摇钱树"和"丧家犬"。根据PPM理论,作为企业赚钱工具的"摇钱树"产品所创造的利润会被投入被寄予希望的"问题儿童""明星"产品中,从而孕育出新一代的"摇钱树"产品。通过该产品战略,企业持续获得利润,从而维持自身的生存和发展。

表3-1 项目组合管理(PPM)

市场成长率	大	明星 Star	问题儿童 Problem Child
	小	摇钱树 Cash Cow	丧家犬 Dog
		大	小
		市场份额	

(波士顿咨询公司提供)

而纵观传统的日本制造业，对"基于产品生命周期的收益管理"可谓意识薄弱。凡是产品，皆有生命周期。换言之，当下畅销于市场的产品（摇钱树），也终有一天会沦为滞销产品（丧家犬）。倘若持续生产滞销产品，则其生命周期的利润便会不断减少，一旦误判了退市时机，甚至会陷入赤字。可见，关键要准确把握产品的退市时机，实现产品生命周期内的利益最大化。而PPM则在该方面发挥着重要作用。

工程链和供应链的关系

下面再对工程链进行归纳总结。工程链始于市场调查，经过市场战略、产品企划、产品设计、产品试制等流程，最终生成产品，而该产品的工程链相关信息则与供应链相连。换言之，工程链囊括了生产制造的上游工序。与之相对，供应链基于工程链提供的产品信息，开展采购调度、生产制造、销售、售后服务等活动，等于是囊括了生产制造的下游工序。

可见，倘若上游工程链提供给下游供应链的产品在品质、成本和配送等方面都欠完善，则无论供应链多么优秀和强大，也无法发挥其应有的实力。有的企业在改革供应链后效果并不理想，许多时候是因为上游工程链存在问题。所以说，要从工程链入手，以"搞设计要便于生产，做产品要贴近市场，连下游要迅速及时"的主旨对其进行改造。由此便能助力于供应链发挥最大功能，使其转而为实现优秀产品、迅速开发、垂直快速起步和低成本开发做出重大贡献。

对于工程链还想强调一点，即它位于供应链的上游位置，因此其成败直接影响到供应链的成败。一般认为，决定产品品质和成本的 85% 的因素位于开发设计阶段。换言之，供应链能够改善产品品质和成本的余地不过 15%。鉴于此，对于作为上游管理环节的工程链，要充分认识其重要性。

3-2　全球化制造业设计变更管理的理想形态

全球化制造业的课题：设计变更

所谓"设计变更"，是上游工程链在开发新产品或改良既有产品时，传达给下游供应链的相关工程信息。在日企，有时把设计变更简称为"设变"，或者用其英文"Engineering Change"的缩写 EC。设计变更可分为两类，一类是新产品的开发设计，另一类是既有产品的改良设计。

新产品开发的设计变更，包括新产品的设计、规格、部件信息、检查基准等生产所必需的技术信息。开发部门必须把这些工程信息传达给制造部门。有的日企像这样设计新产品时，不将其视为设计变更，而是归为"新图纸发行"的范畴。但本书姑且把它算作设计变更。

至于改良既有产品的设计变更，其改良的目的包括应对环境、解决已出货产品的问题缺陷、提升产品的安全性和功能性、

降低成本等。开发部门必须把这些相关的设计、技术等变更信息（工程信息）传达给制造部门。（图3-3）

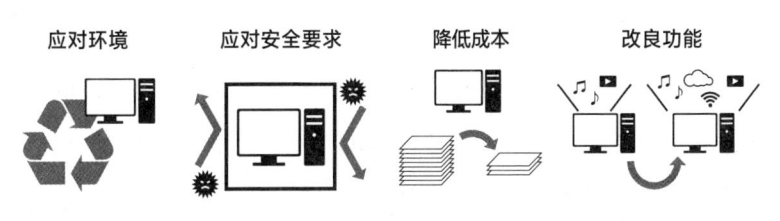

图3-3 既有产品的改良设计

应对环境的改善包括削减温室气体排放、满足有害物质含量规定等。应对安全要求的改善包括为了消除产品安全隐患而做出的变更，一般在违反《产品责任法》（Product Liability，以下简称"PL法"）或出现品质等问题时实施，且往往事出紧急，必须即刻改良。而以降低成本为目的的变更则基于价值工程（Value Engineering，VE），其包括"重新审视产品功能"和"变更部件"等。至于改良功能则一般基于客户反馈，比如对产品规格的改良要求等。

在对既有产品进行设计变更时，涉及变更的部件通常有一定量的库存，以用于生产和保养维修。如果是由于违反PL法或品质问题而不得不实施的变更，则只能无视既有库存，即刻将相关部件替换成新的。但如果是以降低成本或改良功能为目的的变更，考虑到经济性，一般会先消化掉既有部件的库存，然后再换用新部件。

设计变更管理机制

设计变更管理的关键在于将工程链的技术信息迅速、准确地传达至供应链。在 IT 化不断推进的时代，说起过去的纸化办公，似乎给人以时过境迁之感，但其实在不久之前，依然有不少企业将设计变更信息以手画图纸和部件表的形式传达给生产制造部门。其结果使得下游供应链无法获取准确信息，从而导致量产开始后各种问题依旧不断。而如今，由于 IT 系统的发展，除了一部分例外，大部分信息都实现了基于 IT 系统的传达和共享。这种 IT 系统的核心便是 PDM（Product Data Management，产品数据管理）。所谓 PDM，即在产品开发中，把与产品相关的所有技术信息（比如图纸、文件、规格书、使用说明书等）以整合的形式进行一元化管理。其涉及与设计变更管理相关的所有作业和信息，具体包括对设计变更内容的审查、对处理速度的优化、基本信息的同步、产品版本管理、履历记录管理、品质管理等。（图3-4）

与 PDM 联动的系统包括开发设计系统和基准信息管理系统等。开发设计系统保存着设计变更指示（通知）书、设计部件表、相关图纸、规格书等工程数据。基准信息管理系统则保存着品目管理、部件表、工序管理、NC 数据等。PDM 与它们进行信息联动，从而实施变更管理。因此，PDM 也可谓实现工程链与供应链之间信息联动和信息共享的有力工具。

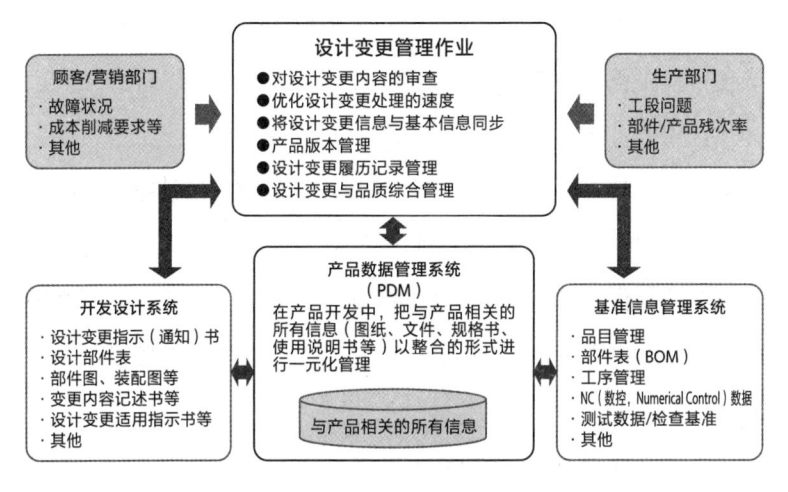

```
┌─────────────────┐         ┌──────────────────────────┐         ┌─────────────────┐
│ 顾客/营销部门    │         │     设计变更管理作业      │         │   生产部门       │
│ ·故障状况        │────────▶│ ●对设计变更内容的审查     │◀────────│ ·工段问题        │
│ ·成本削减要求等  │         │ ●优化设计变更处理的速度   │         │ ·部件/产品残次率 │
│ ·其他            │         │ ●将设计变更信息与基本信息同步│      │ ·其他            │
└─────────────────┘         │ ●产品版本管理             │         └─────────────────┘
         ▲                  │ ●设计变更履历记录管理     │                  ▲
         │                  │ ●设计变更与品质综合管理   │                  │
         │                  └──────────────────────────┘                  │
         │                              ▲                                 │
         ▼                              ▼                                 ▼
┌─────────────────┐         ┌──────────────────────────┐         ┌─────────────────┐
│  开发设计系统    │         │    产品数据管理系统       │         │ 基准信息管理系统 │
│ ·设计变更指示(通知)书│◀──▶│        (PDM)             │◀──▶│ ·品目管理        │
│ ·设计部件表      │         │ 在产品开发中，把与产品相关的│        │ ·部件表(BOM)     │
│ ·部件图、装配图等│         │ 所有信息(图纸、文件、规格书、│       │ ·工序管理        │
│ ·变更内容记述书等│         │ 使用说明书等)以整合的形式进│        │ ·NC(数控, Numerical Control)数据│
│ ·设计变更适用指示书等│     │ 行一元化管理              │         │ ·测试数据/检查基准│
│ ·其他            │         │   与产品相关的所有信息    │         │ ·其他            │
└─────────────────┘         └──────────────────────────┘         └─────────────────┘
```

图 3-4　设计变更管理机制

要想迅速敏捷地应对市场变化，以及使部门间交流通畅、加快决策速度和促进部门间的联动协作，关键在于实现信息共享。通过信息共享，能减少各部门和各流程的信息检索时间（即减少确认相关信息的作业时间和问询时间），进而为缩短开发周期做出巨大贡献。与产品开发相关的信息包括设计变更指示（通知）书、部件表、相关图纸、规格书、品目信息、生产工序管理、NC 数据等。关键在于如何将这些信息以标准化的形式进行整理，从而使之易于检索。

通用规格与选择规格

不管是面向国内还是面向海外的产品，其设计变更管理基本相同。但要注意的是，基于不同国家和地区的法规、气候、宗教、文化等，可能会存在一些相关制约。因此，随着全球化的推进，必须认识到，产品规格的版本也好，设计变更的数量也好，都会有所增加。其中的关键在于"如何管理日益增加且日趋复杂的产品版本"。常规的处理方式是将规格分为两大类——不随着国家和市场而变化的通用规格（Basic）以及随着国家、市场、顾客嗜好而变化的选择规格（Selective），然后分别管理。简单事例如图3-5所示。

由图3-5可见，"按产品（规格组合）进行管理"时，由于组合结果以乘法计算，因此多达45种。与之相对，"按Basic和Selective的规格分类进行管理"时，由于结果以加法计算，因此管理对象只有12种。图中的例子较为简单，而在现实的生产活动中，产品规格的组合方式要复杂数倍乃至数十倍。考虑设计变更的数量也会相应地成正比增加，采用Basic和Selective的规格分类法就显得意义非凡。

本书3-1节中介绍了模块化设计。在进行设计时，必须将模块化与此处提及的"Basic和Selective规格分类"进行整合。

按产品(规格组合)进行管理时

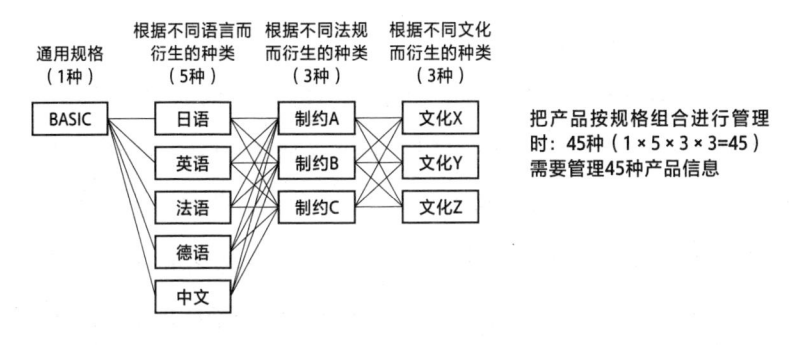

```
通用规格    根据不同语言而   根据不同法规    根据不同文化
(1种)     衍生的种类      而衍生的种类    而衍生的种类
           (5种)         (3种)         (3种)

BASIC ─── 日语 ─── 制约A ─── 文化X
          英语      制约B      文化Y
          法语      制约C      文化Z
          德语
          中文
```

把产品按规格组合进行管理时：45种（1×5×3×3=45）
需要管理45种产品信息

按Basic和Selective的规格分类进行管理时

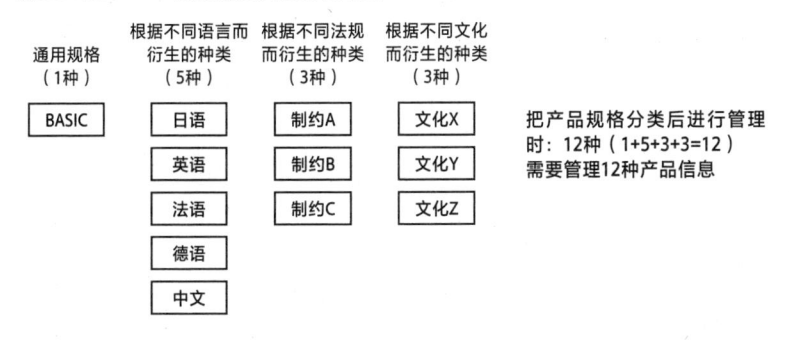

```
通用规格    根据不同语言而   根据不同法规    根据不同文化
(1种)     衍生的种类      而衍生的种类    而衍生的种类
           (5种)         (3种)         (3种)

BASIC     日语         制约A         文化X
          英语         制约B         文化Y
          法语         制约C         文化Z
          德语
          中文
```

把产品规格分类后进行管理时：12种（1+5+3+3=12）
需要管理12种产品信息

图 3-5 Basic 规格与 Selective 规格

设计变更的削减对策及其意义

新产品的设计变更姑且不谈，但关于既有产品的设计变更，则有必要尽量杜绝。设计变更的下达和实行会产生较大费用，一旦设计变更对客户正在使用的产品造成影响，则损失的不仅是费用，恐怕还有产品的品牌口碑和形象。纵观车企的各种召回事件，其负面影响一目了然。

在此，希望各位读者回想一下本书3-1节提到的"前载"（Front-loading）。决定产品品质和成本的85%的因素位于开发、设计阶段。鉴于此，产品开发并非仅仅是开发设计部门的工作，生产制造、采购调度、品质保证、服务技术、营销、财务等部门都应参与其中，从而提升最终产品的品质，优化最终产品的成本。通过该手段，便能最大限度地抑制生产开始后再发生设计变更的可能性，从而减少设计变更费用以及设计变更所导致的部件和原材料的报废损失（Scrap Loss）。（图3-6）

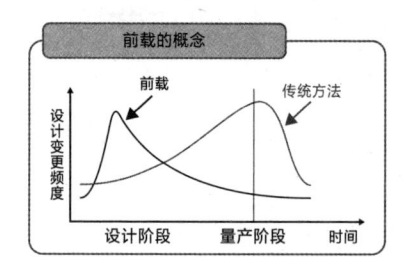

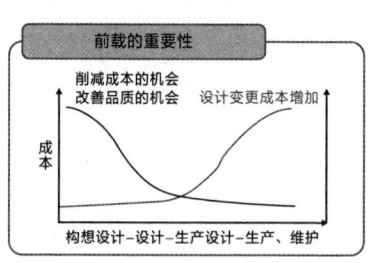

图3-6 前载的概念及重要性

随着企业全球化的推进，设计变更处理的LT会相应延长，设计变更导致的不良库存也会相应增加。由此可见，在全球化制造业的设计变更管理中，在思考如何提升设计变更效率之前，更为重要的是建立能抑制设计变更发生的机制。

3-3 全球化制造业品目编号管理的理想形态

全球化制造业的课题：品目编号

在制造业所运营的信息系统中，有各种各样的管理项目。比如品目管理、部件表、工序管理、设备台账、员工管理、客户管理、供应商管理、作业日历等。其中的品目管理、部件表和工序管理最为重要，它们被称为"生产制造的三大管理项目"。

该三大管理项目的作用如下：

· 使用哪些部件和原材料（品目管理）
· 如何将它们进行装配组合（部件表）
· 按照怎样的顺序处理（工序管理）

它们管理的是生产制造的基本信息。其中的第一项"品目管理"如图 3-7 所示，为了定义 1 个品目，其所需的各种信息以

"品目编号"为单位，创建在系统数据之中。

基本信息：	品目编号、名称、图纸编号、规格、特性、分类代码、状态（使用中或已废弃）……
开发用信息：	推荐部件、类似部件 （为了实现标准化和削减品目数，原则上优先使用这两种部件）
入手信息：	自制或外购、制造商、供货商、概略价格、供货商制订的品名及编号、调度LT、采购单位、发单方式……
警告信息：	毒性、许可品、含贵金属、回收义务、特殊保管条件……

图 3-7 品目管理中所包含的信息

工厂保管有各种物品，包括部件、原材料、半成品和成品等。其品目数多达数万甚至数十万件。为了定义每一个品目而添加的代码便是品目编号。品目编号与实物必须做到一一对应。"1个品目对应1个编号"是生产制造的重要原则。要坚决杜绝"1个编号对应数个不同的实物"或"1个实物拥有多个编号"的情况发生。

"1品目1编号"的课题

那么为何会出现"1品目拥有多个编号"的情况呢？这源于

设定品目编号的机制。对于日本制造业的品目编号课题，可归纳如下。

课题1：使用"有含义的编号"

所谓"有含义的编号"，由部件的形状、尺寸、材质、安装对象（产品）及供应商等各种属性组成。这些属性分为"不变属性"和"可变属性"两大类。前者包括部件的形状、尺寸和材质等，后者包括安装对象（产品）和供应商等，即会随着开发据点和生产据点的变化而变化的属性。因此，一旦"编号据点"有变，则可变属性也会变化，从而导致同一品目在不同据点拥有不同编号。

课题2：数个据点同时进行品目编号

此处与课题1有些许重合，但不可否认的是，一旦进行品目编号的据点不同，即便是完全相同的部件，也可能拥有截然不同的编号。尤其是在国内和海外据点之间，发生这种情况的概率较大。

课题3：全公司没有统一的编号规则，或者有却未被遵守

多数制造业企业一般都有编号规则，问题在于其是否被切实遵守。比如，明明是相同的品目，却因为属性配置不同而拥有多个编号。

课题4：未导入品目编号辅助系统

品目编号辅助系统是确保编号时遵循编号规则的有效手段。若没有它，即便编号时出现违规，要排查也非常困难。

课题5：缺乏推进部件标准化和通用化的机制

制造业企业所管理的品目数多达数万甚至数十万种，其中功能完全相同的原材料和部件亦不在少数。因此，若能让这部分原材料和部件实现标准化和通用化，则品目编号的数量就能锐减。以日本国内的某家大牌办公一体机制造商为例，通过推进标准化和通用化，其电子部件的品目数从35000种减至3500种，轴承部件的品目数从3500件减至150件，可谓成功典型。

相应的解决对策

针对【课题1：使用"有含义的编号"】的解决对策

相应的解决对策之一是将"有含义的编号"变为"无含义的编号"；对策之二是审视分析违反"1品目1编号"原则的主要原因，进而采取针对性的手段。如前面所述，有含义的编号往往包含"不变属性"和"可变属性"两种编号代码要素。鉴于此，若让品目编号只反映不变属性，而把可变属性放在品目管理的"品目信息"项目中，则亦可解决该课题。（图3-8）

（旧）

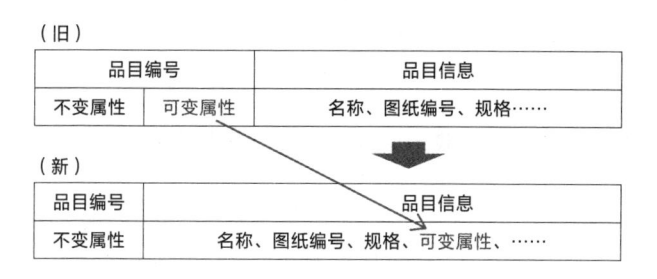

品目编号		品目信息
不变属性	可变属性	名称、图纸编号、规格……

（新）

品目编号	品目信息
不变属性	名称、图纸编号、规格、可变属性、……

图 3-8　品目编号只反映不变属性

针对【课题 2：数个据点同时进行品目编号】的解决对策

相应的解决对策简单明了——建立一处全球统一的"品目编号中心"，对于企业在全球各地的成品、半成品、部件和原材料，实施统一的品目编号和品目管理。

针对【课题 3：全公司没有统一的编号规则，或者有却未被遵守】的解决对策

即便设定了全公司统一的编号规则并彻底通知至各级各处，各据点也会以实际情况等为由，在编号时无视规则。要想杜绝这种情况发生，可以"将位于各处的多个品目编号中心精简集中于一处"或"通过品目编号辅助系统，使违规的编号无法录入"。

针对【课题 4：未导入品目编号辅助系统】的解决对策

若基于全公司统一的编号规则，搭建品目编号信息系统，就能杜绝课题3中的违规现象，如果再能将品目编号据点集于一处，则既能提升精度，又能提升速度。

针对【课题 5：缺乏推进部件标准化和通用化的机制】的解决对策

这虽然不属于与"1 品目 1 编号"直接相关的课题，但对制造业而言，它也是应解决的重要课题。只要关注一下工厂所使用的部件和原材料就会发现，功能相同的部件和原材料有多种。究其原因，是由于在设计新产品时，对于使用的部件和原材料，相关责任人并未确认推荐件和类似件，而是基于"开发设计人员的兴趣"而做出的决策。这样的案例并不少见。对于功能相同的部件和原材料，如果能从成本、品质、调度 LT 的角度出发，进行综合判断，并将最匹配的部件和原材料作为"推荐件"录入数据库，并且开发负责人在寻找用于新产品的部件时能做到"使用推荐件"的话，就能防止部件和原材料的品目数"野蛮生长"，进而推进部件和原材料的标准化。

全球品目编号中心、品目编号系统

"1 品目多编号"的危害会随着企业全球化规模的增大而放大。比如，即便想在全球范围内统计所需部件的数量以实施集中采购，可实际上却无法进行统计；即便想在全球范围内统计部件库存量以评价库存情况，可实际上却无法进行统计……

由此亦可见"1品目1编号"的重要性，其可谓全球化制造业的重要经营课题，同时也是绕不开的课题。

那么，如何才能实现"1品目1编号"呢？

设置全球品目编号中心

废止"多据点同时进行品目编号"的制度，将全球品目编号中心作为唯一有权进行编号的部门。此外，还要在全球品目编号中心导入品目编号辅助系统，该系统基于全公司统一的编号规则运作。同时设定管理类似件和推荐件的功能项目，使得不仅是全球品目编号中心，包括所有开发、生产据点都能通过输入关键词来检索类似件和推荐件的配置明细（SPEC），从而防止不必要的品目数泛滥。（图 3-9）

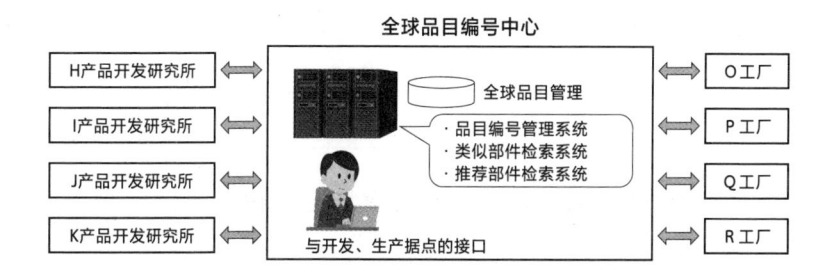

图 3-9 全球品目编号中心的运作图示

导入品目编号转换系统

但在实际情况中，却很难改变既有产品所使用的品目编号。鉴于此，全球品目编号中心对新部件进行编号。至于既有部件，比较有可行性的做法是依靠"编号转换系统"，即操作人员依旧输入既有的品目编号，系统在对输入的编号进行统一转换后，由全球IT中心进行电脑处理，而在输出结果时，再将编号转换回既有的品目编号。（图3-10）

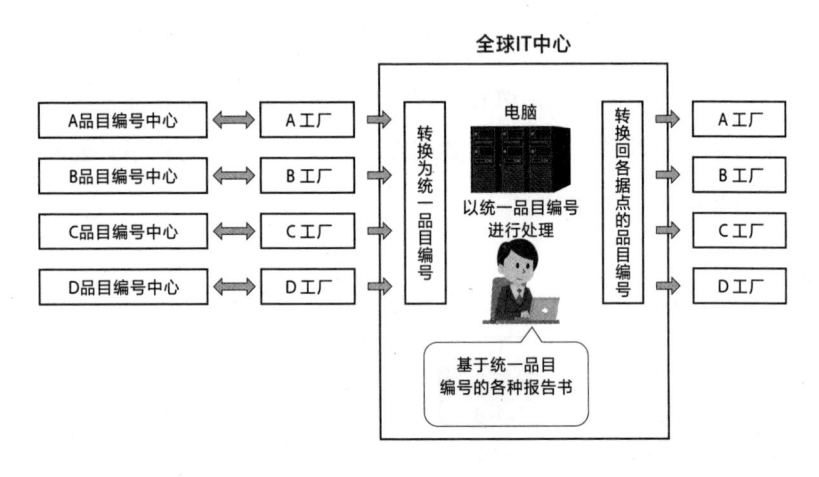

图3-10 品目编号转换系统的运作图示

将"有含义的品目编号"变为"无含义的品目编号"

纵观日本制造业，多数企业在品目编号时采用"有含义的品目编号"。其虽然拥有诸多优点,但全球的主流却是"无含义的品目编号"。因此笔者建议日本的制造企业也以全球化为契机,推进无含义的品目编号,从而消除阻碍实现"1品目1编号"的要素。

3-4 大牌全球化制造业企业的开发设计管理系统（IPD）

何谓 IPD

本章第 1 节提到，工程链位于供应链上游，工程链的成败很大程度左右着供应链的成败。下面将介绍某家大牌全球化制造业企业（姑且称其为 A 公司），其敏锐地察觉到了全球化的大趋势，并在全球范围内开展公司内部改革，最终取得了成功。

A 公司通过导入"IPD"这种先进的企业运营流程，实现了工程链改革。IPD 是 Integrated Product Development 的缩写，即"集成产品开发"之意。其具体定义为"基于业务角度，迅速、高效地开发最为市场所接受的产品，涵盖从'产品构想'至'产品停产'的整个生命周期，总揽开发流程、开发体制和 IT 的综合机制"。说到底，其目的是构建能尽量缩短产品上市时间（Time to Market，TTM）和产品赢利时间（Time to Profit，TTP）的流程机制。而从"生命周期"一词亦可知，该改革活动不是单单着眼于产品开发流程，而是致力于整个PLM（Product Lifecycle Management，产品生命周期管理）。

至于IPD的详细内容，本节将聚焦于以下几点进行阐述。

· IPD变革了什么

· IPD的三大流程

· 全球化跨组织团队

· 主要阶段的决策要点（DCP：Decision Check Point，业务决策评审点）

· IPD改革效果概要

IPD变革了什么

在导入IPD之前，A公司和其他全球化制造业企业一样，存在各种经营问题（表3-2）。以技术人员为主体的开发工作可谓产品主导型（Product Out），是IPD将其转变为重视市场、兼顾全局的开发体制。比较导入IPD前的经营问题和导入IPD后的改善状况可知，A公司的产品开发从产品主导型变为市场主导型（Market In），从顾及部分变为兼顾全局。

表 3-2 导入 IPD 前的经营问题和导入 IPD 后的改善状况

导入 IPD 前的经营问题	导入 IPD 后的改善状况
开发投资效率低下(对比开发费用与销售额)	通过"选择"和"专注",聚焦有价值的开发项目
技术开发与实际业务脱钩	技术开发与产品开发流程相互协作
无法遵守既定的开发期限	习得并实践基于 IPD 的项目管理手法
产品收支不清	以项目为单位的现金流会计
无法实现真正从顾客需求出发的产品开发	产品战略与产品开发流程相互协作
(开发相关负责人)独断独行	由跨组织专家团队实施开发
开发的责任和权限模糊不清	确立决策流程和公司内部契约
开发项目无法中途叫停	在关键阶段实施重要管理项目评估,并做出经营判断
光靠制造部门,实施"QCD+B"[QCD(质量、成本、交货)管理+B(业务)]终归有限	在位于上游的研发部门实施产品开发改革
开发者的意识属于产品主导型	开展意识改革,转变为重视业务主体(收益性)
研发部门俨然"圣域","外人"难以干涉	增加预算及开发成果的透明度

(出处:富田健的演讲资料)

IPD 的框架

IPD 的整体框架有如下三大特征。(图 3-11)

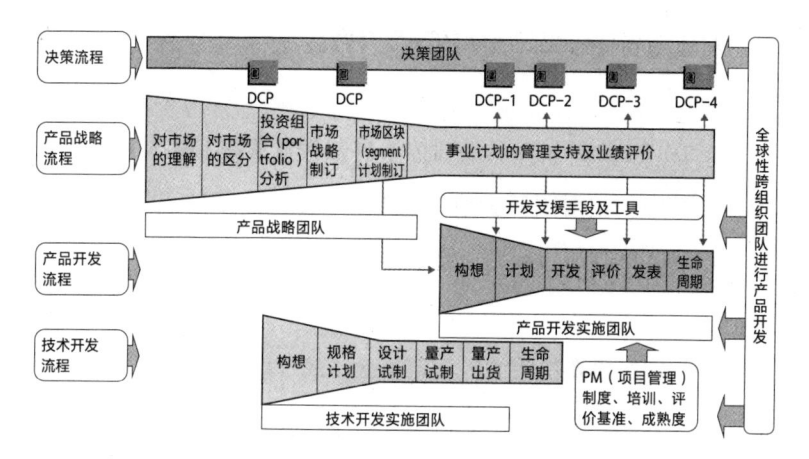

图 3-11 IPD 的框架（出处：富田健的演讲资料）

（1）四大流程（决策流程、产品战略流程、产品开发流程、技术开发流程）相互之间密切联动协作，从而使产品开发实现较高的市场切合度、反应速度和收益性。

（2）通过全球性跨组织团队来进行产品开发。为了达成经营目标，建立能跳出组织利害关系和壁垒的跨组织团队，从事项目运营。

（3）设置业务决策评审点（Decision Check Point，DCP）。所谓 DCP，即决定继续还是叫停（Go/No Go）产品开发的"经营里程碑"，其在 4 个阶段——构想阶段、计划阶段、发表阶段、生命周期阶段实施。

基于全球性跨组织团队的产品开发

在 IPD 中,开发活动的主体不再是开发事业部,而是跨组织团队。其中的主要团队和组织有下述 5 个。为了达成经营目标,这些团队以跨组织的形式开展活动。(图 3-12)

(1)进行投资决策的经营董事会(跨部门团队)

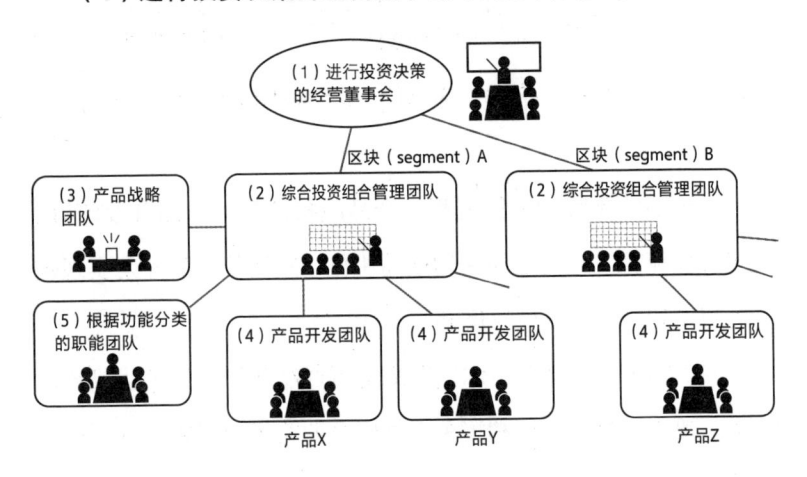

图 3-12 IPD 中的跨组织团队

(出处:广濑贞夫监修《IPD 革命》工业调查会)

该团队由事业部的高管(Top Executive)、经营企划部门和财务部门组成。对于事业部的全体事业计划,其拥有审批和分配预算的决策权限。而在项目启动后,其会定期听取综合投资组合(portfolio)管理团队的进度汇报,并会对重要问题予以及时解决。

【具体职责及权限】

・对事业计划的审批权限

・对预算分配的决定权限

（2）综合投资组合管理团队（跨部门团队）

该团队担负着事业部事业计划的执行责任。其基于事业分类或区块（segment，又称产品群）分别建立团队。

【具体职责及权限】

・对整体业绩负责

・对经营战略、产品战略的决定权限

・对开发投资的决定权限以及对资源的管理权限

・任命及移交开发团队的权限

（3）产品战略团队（跨部门团队）

该团队由综合投资组合管理团队任命，负责制订中长期战略及短期事业计划提案，然后由综合投资组合管理团队负责拍板。产品战略团队的主要成员通常来自营销企划、市场调查、产品企划、产品开发（硬件、软件）和财务部门，且根据实际需求，有时也会将服务、流通、采购和生产制造等部门的员工包括进来。

【具体职责及权限】

・收集、分析市场信息

・制订事业战略、计划提案

・制订产品企划案

（4）产品开发团队（跨部门团队）

该团队成员来自互为垂直层级关系的部门,包括产品企划、产品开发（硬件、软件）、材料技术开发（硬件、软件）、财务、生产制造、品质保证、服务技术、采购、营销等。从这些部门中选拔出的员工便构成了跨部门的产品开发团队,从事产品开发。

【具体职责及权限】

・基于契约,对产品业绩负责

・项目管理权限

（5）根据功能分类的职能团队

根据功能分类的职能团队所对应的组织包括产品企划、产品开发（硬件、软件）、材料技术开发（硬件、软件）、财务、生产制造、品质保证、服务技术、采购、营销等部门。

【具体职责及权限】
- 竞争力、技术力
- 知识、流程
- 制订部门战略、开展技能培训

业务决策评审点（DCP）

业务决策评审点包括4个阶段，即构想阶段、计划阶段、发表阶段和生命周期阶段。

（1）构想阶段的业务决策评审点

构想阶段的提案旨在确认业务前景及市场价值，具体如下：

- 在理解全球市场的基础上，明确目标市场区块（segment）及新产品的定位
- 确认在目标市场区块是否具备较强竞争力
- 确认在各地区市场区块是否拥有最为合理的销售渠道
- 确认提案是否具备充分的赢利可能
- 确认产品开发计划是否具备抗风险能力

（2）计划阶段的业务决策评审点

比起构想阶段，计划阶段更为贴近现实，因此需要更为切实地确认产品的市场性、收益性和及时性，具体如下：

·确认项目计划书的可行性

·基于详细数据，较为精确地确认产品的收益性

·确认如何打造能够尽早取得成功的销售渠道

·确认新产品对销售渠道和客户而言是否具备吸引力和竞争力

·对于预估风险，确认是否拥有规避对策

（3）发表阶段的业务决策评审点

对于提案的新产品，确认其是否按计划做好了完成、发表及出货的准备，具体如下：

·确认产品品质是否达标，或者是否超越了老产品的品质

·确认各地区的发表准备工作是否到位

·确认销售渠道是否准备到位

·确认对营销部门的技术支持以及对客户的服务支持体制是否到位

·确认各种风险（商业风险、技术风险、支持服务的体制性风险）是否排除，或者相应的规避对策是否到位

·确认产品是否具备充分的赢利可能

（4）生命周期阶段的业务决策评审点

对于提案的新产品，确认其是否保持着市场性和收益性。若

没有，则确认其是否具备详细的退市计划，以及是否遵循事业战略及预算计划，具体如下：

·确认产品是否在市场中保持着竞争力

·确认产品是否保持着收益性

·确认销售渠道的售出量是否完成了计划量

·确认客户的实际满意度是否与计划 DCP 和发表 DCP 的预期相符

·确认提供的服务支持是否满足全球市场的技术和服务要求

由上述内容可知，业务决策评审点（DCP）能够杜绝"把问题拖到下一阶段"或"返工到上一阶段"之类的情况发生。

导入 IPD 的效果

A 公司通过导入 IPD，取得了显著的经营效果，并实现了 V 字形复苏。导入 IPD 的 A 公司、B 公司、C 公司和 D 公司的实际效果如表 3-3 所示。

表 3-3　IPD 的导入效果

开发投资效率（E/R） E/R: Expense/Revenue, 开发费用 / 销售额	・A 公司：开发费用由 12% 下降到 6%（开发费用削减 50%） ・B 公司：开发费用由 7.2% 下降到 6%
上市时间（TTM） TTM: Time to Market, 从企划至出货的开发时间	・A 公司：开发时间缩短至 1/3 ・B 公司：遵守预定 TTM（杜绝延期），开发时间减少 42% ・C 公司：开发日程精简 20%
开发费用损失（loss） 开发费用的浪费、出现问题而返工的开发工时	・A 公司：损失在开发费用中占比由 25% 下降到 5% ・B 公司：开发费用大幅削减 ・C 公司：开发费用精简 33%
销售额	・C 公司：提升 30%，超过计划值 ・D 公司：增加 2 倍
部件件数	・A 公司：削减 70% 以上 ・B 公司：削减 20% 以上
其他	・B 公司：从产品企划到供应的所要时间减少 70%，市场占有率提高，机会损失（Opportunity Loss）得以减少，产品的生命期收支（收益和成本）得以改善 ・D 公司：残次率减少 75%

（出处：富田健的演讲资料）

IPD 的总结

由上述内容可知，IPD 着眼于"最被市场接受的产品和产品群"，基于商业视角，旨在迅速、高效地进行产品开发。为此，从产品构想阶段直至产品最终阶段，其将开发投资、开发流程、开发体制和 IT 技术进行统合，可谓一种综合性管理系统。

3-5　大牌全球化制造业企业的品目编号系统

全球信息系统体系

本书 3-3 节阐述了全球品目编号中心。本节以实现该机制的某家大牌全球化制造业企业为例,进行案例分析。该企业的大致情况如下,可谓全球化制造业企业的典型。

基础研究所:4 处据点

产品开发研究所:39 处据点

生产制造工厂:34 处据点

据点所在国:132 个国家

在介绍它的全球品目编号系统之前,先介绍它的全球信息系统体系。(图 3-13)

该企业的信息系统较为庞大，由"全球集中系统""分散通用系统""各国独立系统"三大系统构成。

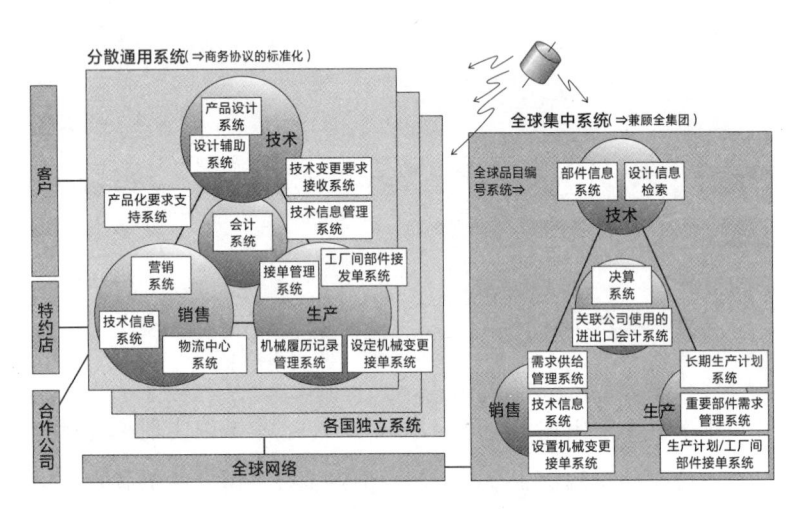

图 3-13 全球信息系统体系

· 全球集中系统

它由需按照"全球层级"集中管理的技术、销售、生产、财务系统所构成。其中属于技术范畴的部件信息系统，便是后面会介绍的全球品目编号系统

· 分散通用系统

它由各国分部（分厂）所运营的技术、销售、生产、财务系统所构成。其重点特征是"基于通用协议运营的标准系统"。信息系统的开发工作由全球IT开发中心操刀，然后提供给各国分

部（分厂）使用。各国分部（分厂）不允许擅自更新系统，凡需要更新时，皆须向全球IT开发中心申请，在申请获得批准后，由全球IT开发中心进行更新，然后将系统新版本推送至所有分部（分厂），各处同时更新

·各国独立系统

它是除上述"全球集中系统""分散通用系统"外的另一种信息系统。其旨在对应和支持各国分部（分厂）自身所独有的需求及操作。至于该系统的开发及维护，则由各国分部（分厂）自己实施

关于上述各信息系统的详细解说，此处予以省略。笔者想强调的是，通过审视信息系统的体系，便能理解全球化制造业信息系统的理想形态。

全球品目编号中心与编号系统

纵观图3-13的全球集中系统的结构，其中属于技术范畴的部件信息系统便是全球品目编号系统。全球品目编号系统自然是全球集中系统的组成部分，其负责对全球范围内的成品、半成品、部件和原材料编号。

针对本书3-3节中提及的日本制造业的品目编号课题，且看该企业是如何解决的。（表3-4）值得注意的是，其采取的几乎所

有解决对策，都与本节 3-3 节中的解说相一致。

表 3-4　日本制造业面临的问题与某大牌全球化制造业企业的先进事例

	日本制造业的问题	某大牌全球化制造业企业的先进事例
1	使用"有含义的编号"	使用"无含义的编号"，排除属性问题
2	数个据点同时进行品目编号	设置 1 处全球品目编号中心
3	全公司没有统一的编号规则，或者有却未被遵守	在全球品目编号中心的编号系统中设置全集团统一的规则
4	未导入品目编号辅助系统	用全球品目编号中心的编号系统来管理全世界所有分部(分厂)的品目代码
5	缺乏推进部件标准化和通用化的机制	实施推进标准化、通用化的大项目，成功削减了 50% 的品目代码

针对【问题 1：使用"有含义的编号"】的解决对策

使用 7 位数的无含义编号。所有品目的规格及属性置于品目管理的品目信息中。品目编号的作用单纯只是"定位一个品目的代码"。

针对【问题 2：数个据点同时进行品目编号】的解决对策

在美国设置全球品目编号中心，对全世界所有分部（分厂）的品目集中进行编号和管理。

针对【问题 3：全公司没有统一的编号规则，或者有却未被遵守】的解决对策

品目编号只是单纯的 7 位连续号码，因此为解决问题 5 的标准化和通用化提供了条件，且在使用类似部件和推荐部件方面有细致明确的规定。

针对【问题 4：未导入品目编号辅助系统】的解决对策

导入品目编号辅助系统，基于制定的全球品目编号规则，设置品目管理、类似件管理和推荐件管理，对项目进行统一编号。

针对【问题 5：缺乏推进部件标准化和通用化的机制】的解决对策

通过针对问题 3、4 的解决，水到渠成地建立了推进标准化和通用化的机制。全球品目编号中心在对新的部件和原材料编号前，会仔细确认是否有可替用的同规格或同功能的类似件或推荐件，从而防止品目数"野蛮生长"。

下面介绍其开发、生产据点从编号申请至编号获得的整个流程。（图 3-14）

图 3-14 的作业（1）至作业（4）的流程如下所述。

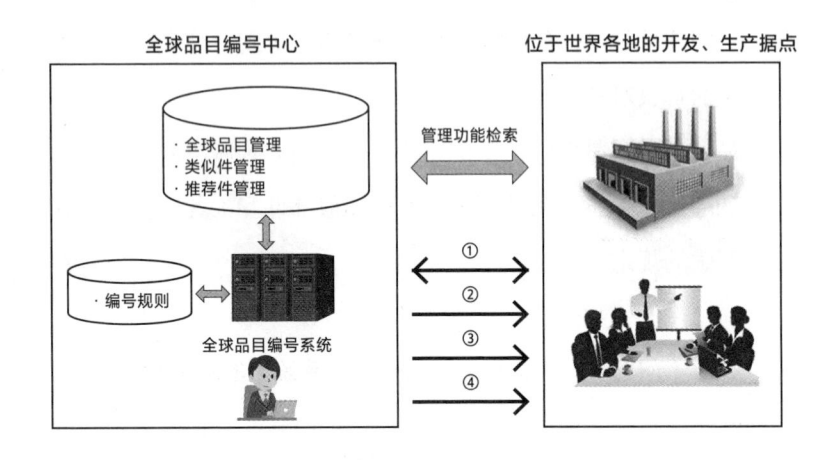

图3-14 开发、生产据点从编号申请至编号获得的整个流程

各据点一旦有了新品目、产生了编号需求，就要将相关品目的配置明细（规格、图纸等）作为申请的附件，发送至全球品目编号中心（图3-14①）。收到申请的全球品目编号中心则确认与该品目配置明细相同的品目是否已经存在于"全球品目管理"这一项的数据库中。若已存在，则将该既有品目的编号及配置明细告知申请的据点（图3-14②）。若不存在，则确认是否有功能相同的类似件或推荐件存在。若已存在，则把相应类似件或推荐件的编号及配置明细告知申请的据点，督促其尽量使用它们（图3-14③）。若不存在，或者申请据点不愿使用类似件或推荐件时，全球品目编号中心则接受申请，进行品目编号，并将该品目编号及相关配置明细等信息告知申请据点和其他所有据点，即把录

入在"全球品目管理"数据库中的这一新数据在集团内广而告之（图 3-14 ④）。

如上所述，"使用无含义的编号"和"设置全球品目编号中心"可谓该企业取得成功的要因。

向真正的全球化制造业迈进

上面便是某家大牌全球化制造业企业的品目编号系统事例。由此可知，其并未采用特别艰涩复杂的手段，无非是基于全集团统一规则，将全球品目编号中心与位于各国的开发、生产据点联动，进而开展作业活动。

此外，在介绍全球品目编号中心的前段中提及的全球信息系统体系亦值得参考。构成它的是"全球集中系统""分散通用系统""各国独立系统"。这一分割方式看似简单，实施起来其实较为困难。尤其是日本的制造业企业，在分割时往往不够到位，从而成为推进全球化管理的阻碍。这样的案例并不少见。

日本制造业的起点是加工贸易。由于长期从事"闭环型"的制造作业，因此比较难以实现从"本土化"至"全球化"的思维转换。即便开展全球化业务，往往也仅停留在"国内制造业的海外延长线"之类的层次。日本的制造业企业要想推进真正意义上的全球化，笔者建议参考上述某家大牌全球化制造业企业的事例。

3-6　智能全球化工程链 2030

在第 3 章的最后部分，笔者想畅想一下 2030 年的工程链形态。到那时，AI（Artificial Intelligence，人工智能）和 RPA（Robotic Process Automation，机器人流程自动化）的应用程度应该会显著提升。对于 AI，想必各位读者也较为耳熟能详，故此处着重补充介绍一下 RPA。

RPA 与 AI、IoT、FinTech（金融科技）一起，并称为"支撑第 4 次产业革命的技术"。其主要着眼于实现"白领作业"的效率化和自动化，通过灵活运用 AI 等认知技术来辅助和补充人工作业，因此也被称为虚拟脑力劳动者（Digital Labor）。

纵观当下，虽然工程链中的开发、设计流程已经实现了相当程度的 IT 化，但在判断作业领域，大多数仍然依赖人。而在 10 年后，可以想象，通过进一步利用 AI 和 RPA，整个开发流程会产生新变化。

应用 AI 和 RPA 的工程链即将到来

如表 3-5 所示,让我们再来回顾一下工程链的流程。如前所述,所谓工程链,即包括从"产品企划"到开始量产前的"生产准备"的一系列流程。目前,其几乎都还是以人工作业为主体,但到 2030 年,我们应该会迎来以 AI 和 RPA 为产品开发主体的时代。

表 3-5 笔者推想的 2030 年度的 AI/RPA 应用程度

流程	作业内容	推想的 2030 年度的 AI/RPA 应用程度 ◎大 ○中 △小
产品企划	基于最新的市场动向,确认产品组合、产品/技术规划图、产品投放/退市计划以及项目的商业前景	△
产品开发	基于产品规划图和市场战略,确认产品概念和产品定位,以及产品的最终规格	○
产品设计	以实现产品的最终规格要求为目的,实施设计作业,并通过模拟及设计评估来进行验证	◎
试制/试验	基于设计图,制作实物,然后评价其实际功能、品质与设计要求的符合程度,进而将亟须改善之处反馈至设计部门,同时评估其量产可行性,并确认生产准备所需条件	◎
生产准备	准备和完善量产所需的产品信息、工序信息、作业信息及模具等,力争实现短期内的起步投产	◎

由表 3-5 的右侧栏"推想的 2030 年度的 AI/RPA 应用程度"可知,到了 2030 年,虽然产品企划和产品开发流程依然以人为主导,但从产品设计到后面的流程,则已变为由 AI/RPA 为主导。

2030年改革后的工程链形态

在本书2-1节中阐述的"工程链的目标和对策"的基础上,加上2030年的预想形态,便如图3-15所示。

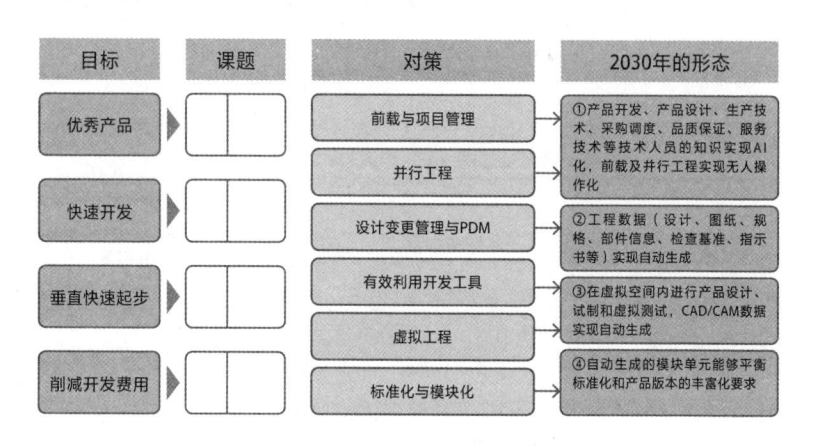

目标	课题	对策	2030年的形态
优秀产品		前载与项目管理	①产品开发、产品设计、生产技术、采购调度、品质保证、服务技术等技术人员的知识实现AI化,前载及并行工程实现无人操作化
快速开发		并行工程	
		设计变更管理与PDM	②工程数据(设计、图纸、规格、部件信息、检查基准、指示书等)实现自动生成
垂直快速起步		有效利用开发工具	③在虚拟空间内进行产品设计、试制和虚拟测试,CAD/CAM数据实现自动生成
		虚拟工程	
削减开发费用		标准化与模块化	④自动生成的模块单元能够平衡标准化和产品版本的丰富化要求

图3-15 2030年改革后的工程链形态

对策1:前载与项目管理/并行工程

前面提到,所谓前载与并行工程,即摒弃"产品开发只是开发部门的工作"这种传统思维,让与后续工段供应链相关的生产制造、采购、品质保证、服务技术、营销、财务等部门的专家皆参与产品开发,建立"全公司齐心协力搞开发"的"上游管理"机制。但若能将这些专家的知识AI化,便能以电脑为主体,实现几乎不用经人手的开发、设计作业。

对策 2：设计变更管理与 PDM

PDM（Product Data Management，产品数据管理）是将与开发、设计相关的所有信息（设计、图纸、规格、部件信息、检查基准、指示书等）以整合的形式进行一元化管理的机制。当下的IT化还只限于数据管理和分析领域。至于设计变更（新产品的开发设计和既有产品的改良设计），仍然依托开发设计技术人员之手。到了2030年，这些作业应该也能依靠AI，从而实现相关数据的自动生成。

对策 3：有效利用开发工具 / 虚拟工厂

如今，产品设计已经在利用CAD、CAM、CAE、CAT和RP（Rapid Prototyping，快速成型技术）等开发工具。但这些数字技术开发工具依然只是技术人员的作业辅助工具。而到2030年，产品设计、试制/试验可能都会在电脑的虚拟空间内进行，即进入无须试制实物的产品开发时代。

对策 4：标准化与模块化

标准化与模块化的关键在于"将装配产品的解耦点（Decoupling Point）设在何处"，进一步来说，即"如何平衡半成品单元与成品版本数量"。而到2030年，通过利用IT技术，AI的合理逻辑化应该能够自动生成最为合理的模块单元。

设计变更

由图 3-15 可知，笔者 2030 年的预想一旦实现，则届时新产品的品质和完成度会比现在有显著改善。量产开始后的设计变更包括"解决各种故障""提升安全性和功能性""降低成本"等，但由于届时这些问题几乎都能在开发 / 设计阶段得以解决，因此待量产开始后，这些变更几乎不会发生。可能有不少读者当下亦苦于处理这些设计变更，但到了 2030 年，这些情况应该会变成"老皇历"了。

综上，本节所述内容仅为笔者的假想，至于该假想与现实的吻合程度如何，目前还不得而知。但笔者坚信，到了 2030 年，第 4 次产业革命的大潮必会到来，我们将迎来 AI、IoT、RPA 大展拳脚的时代。

第 4 章
全球化供应链的未来形态

4-1　全球化制造业的难题与成功法则

SCM（供应链管理）诞生的背景

谈及日本的制造业，正如其在当年日本经济高度成长期的繁荣口号"Japan as No.1"所象征的那样，是名誉全球的高度成长型制造业。纵观当时的市场供求关系，由于经济繁荣导致旺盛的需求大于供给，因此可谓"只要做出来就能卖掉"的时代。各企业为了应对市场需求，日夜致力于改善和改革生产效率。在有限的资源（人、物、资金）下，如何最大限度地产出产品？基于该课题，产生了围绕部门和功能的"部门间垂直割裂型"机制。

然而，随着日本经济泡沫的破灭，供求关系出现逆转。且日渐多样化的需求，使企业不得不面对急速变化的市场，其变化速度是之前的数倍。至此，之前那种"部门间垂直割裂型"机制已无法应对市场变化。在此经济大环境下，SCM（供应链管理）的概念应运而生。那么，它具体为何呢？

简单概括来说，如图 4-1 所示，它摒弃了之前围绕部门和功能的机制，转变为横贯部门和功能的"兼顾整体的机制"，从而实现对市场变化的敏锐反应。

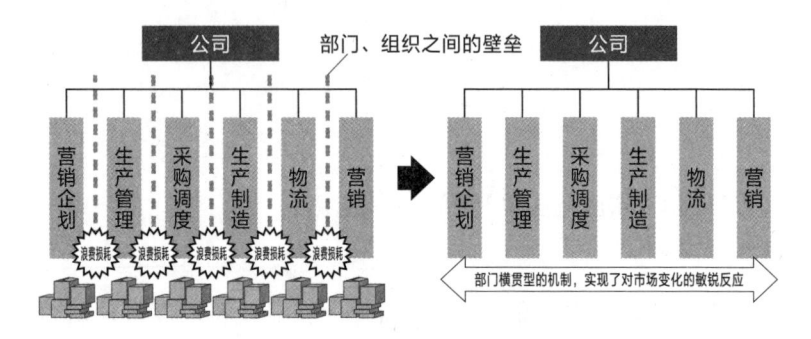

图 4-1 从围绕部门和功能转变为兼顾整体

SCM 与传统型日本制造业机制的区别

为了让各位读者对 SCM 有更明确的印象，让我们把日本经济高度成长期的制造业机制与 SCM 概念进行比较。（表 4-1）正如该表右侧栏所示，SCM 包括自有机制以及支撑其机制的信息系统。

表4-1 日本经济高度成长期的制造业机制与SCM方式的比较对照

比较项目	日本经济高度成长期的制造业机制	基于SCM概念的制造业机制
商业流程	推动(PUSH)型(产品主导型)	拉动(PULL)型(市场主导型)
	只顾部分(应对部门·功能单位)	兼顾整体(横贯部门·交会功能)
企业管理指标	以销售额/市场份额为中心	以利润/现金流为中心
选择产品的决定性因素	技术力、质量、成本(QCD)	应对变动的迅速灵活性(QCD+F),F:灵活性(Flexibility)
市场营销	非直接营销活动(Indirect Marketing)(与顾客之间相隔较远的间接接触)	直接营销活动(Direct Marketing)(拉近与顾客之间距离的直接接触)
市场营销信息	重视市场宏观数据	重视个体数据(One to One)
应对顾客	以固定刻板的方式应对顾客要求	灵活应对顾客要求
销售计划	以思考、预估、推测来制订销售计划[牛鞭效应(Bullwhip Effect)][1]	基于实际需求的销售预测
生产计划	不考虑制约条件的计划推动(PUSH)型生产计划	将制约条件考虑在内的计划(TOC)拉动(PULL)型生产计划
与供应商的关系	甲方公司与乙方外包承接商(上下级关系)	商业伙伴(对等关系)
商业规则	供给方承担风险	供需双方共同承担风险(WINWIN关系)

---

[1] "牛鞭效应"指供应链中的一种需求变异放大现象。信息流从最终客户向原始供应商传递时,由于无法有效地实现信息共享,使得信息扭曲并逐级放大,从而导致需求信息出现越来越大的波动。此扭曲放大作用在图形上很像一个甩起的牛鞭,因此被称为牛鞭效应。——译者注

续表

比较项目	日本经济高度成长期的制造业机制	基于SCM概念的制造业机制
缩短LT、削减库存	企业内部的改善活动	跨越企业之间的改善活动
采购调度部件和原材料	按照实际LT进行采购调度	基于供应商协定的内部指示确认、JIT（Just in Time，实时生产系统）、VMI（Vendor Managed Inventory，供应商管理库存）等
生产线	大型生产设备（大批量生产）	设备小型化/模块化（一个流生产）

（出处：参考东正则著《广义SCM概述》绘制）

导入SCM的目的和阶段

除了上述SCM与传统型日本制造业机制的区别外，下面对"导入SCM的阶段"进行说明。本书2-3节中也已提到，其导入阶段从第1阶段的"部门间SCM"直至第5阶段的"全球化SCM"。

第1阶段：部门间SCM
・各部门之间（总部、工厂、营销等）之间的点对点联动

第2阶段：功能间SCM
・销售管理、生产管理、工序管理、物流管理等多个功能以流程的形式联动协作

第 3 阶段：企业间 SCM

·相邻相关的企业（原材料生产商、部件生产商、装配商等）以流程的形式联动协作

第 4 阶段：End to End SCM

·原材料生产商、部件生产商、装配商、流通公司、顾客等节点以 End to End（端到端）的方式联动协作

第 5 阶段：全球化 SCM

·基于全球范围（国内外供应商、工厂、销售公司、顾客），将相关流程、技术和知识全部打通，实现一气呵成的联动协作

导入 SCM 的目的在于减少部门、功能和企业之间因整合不足而产生的浪费消耗（多余的库存和 LT），从而提升效率。至于因不整合而导致的浪费规模，由小到大的顺序为部门之间、功能之间、企业之间、国内外之间。也正因为如此，随着导入 SCM 的阶段不断升级，其效果也同比例变大。那么日本制造业目前位于 SCM 的哪个阶段呢？

除了小部分先进企业外，大部分企业目前都止步于第 2、3 阶段。甚至有不少企业还未满足第 1 阶段的要求。

日本制造业 SCM 改革的课题

所谓 SCM 改革，即将只顾及部门和功能的传统机制和信息系统转变为横贯部门、功能和企业的"兼顾整体型"机制和系统。日本制造业长年采用部门间垂直割裂的机制，比如因"事业部制度"而造成公司内部竞争，从而导致每个事业部有自己的特殊性和封闭性，进而产生各自为政、参差不齐的代码编号、商业规则、业务流程、评价指标，以及只顾及某个部分的信息系统。这些都是阻碍 SCM 改革的因素。

先来分析一下各自为政、参差不齐的代码编号体系。由于日本制造业一直基于功能和职能（如销售、生产、物流等）来分别构建代码编号体系，因此即便想依靠供应链来打通信息，也会碍于代码的整合问题而无法实现信息的一元化管理。这意味着无法建立横贯功能、部门和企业的业务流程及信息系统。

由此可见，若不能摒弃各部门、功能、企业"自成一派"的代码编号体系，若不能建立统一信息含义和定义的全球统一代码编号体系，便无法实现全球化 SCM。换言之，全球统一代码编号体系是构建全球化 SCM 的大前提。本书 3-3 节所阐述的"全球品目编号管理"的重要性亦与之呼应。一旦实现全球统一代码编号体系，生产信息、销售信息和库存信息的共享就成为可能，进而实现全球范围内的生产、销售、库存的可视化管理。

日本制造业另一个亟待解决的问题是"各自为政、参差不齐的商业规则、业务流程和评价指标"。必须把原先只顾及部门的规则、流程和评价指标转变为"兼顾整体型"的机制。这听起来似乎简单，但做起来其实很难。

纵观构成供应链的企业部门（调度、生产、物流、销售），它们都有自己的想法和道理，而这些想法和道理便构成了现实中"只顾及部门的机制"。下面以供应链中具有代表性的生产部门和销售部门为例来说明。

【生产部门的想法和道理】

想提高生产效率、降低生产成本。为此，

·希望产品种类较少

·希望不要有设计变更和计划变更（尤其是突然增加的作业）

·希望按计划生产、提高作业效率、以大批量方式生产

·希望在原材料和产能方面留有充分的富余

·希望实现平准化生产

·希望生产线持续运行

·希望通过大量采购来压低进价（采购调度部门）

【销售部门的想法和道理】

想提升销售额和顾客心中的价值感。为此，

·希望增加产品种类以扩大销路

·希望抓住销售时机，因此希望库存充足

·为了满足顾客要求,有时不得不临时变更计划和安排生产任务

·希望开发部门和工厂保证品质,否则销售部门会被投诉

·希望一批次大量运输以降低成本(物流部门)

可见,各部门各有各的想法和道理,其中的壁垒和鸿沟较大。要想突破、填平它们,就需要企业高层非一般的热情意志和领导能力。

要想消除这种源于各部门想法和道理的阻碍,就要从"兼顾全公司供需管理"出发,重新设计构成SCM的各部门(或者各功能)的一系列业务流程,从而实现"横贯化"。而其关键在于设立统管全公司供需的组织,它以横贯各部门的方式监视供应链整体情况,并发布指令,可谓集巨大权限和责任于一身的组织。该组织从分散的顾客、客户那里获取"接单预测""发单信息"等数据,将其与过去的业绩对照,从而进行高精度的需求预测,并且及时掌握物流中心及各据点的库存情况,将产能等制约因素考虑在内,最终制订生产计划,下达给生产现场。换言之,它介入生产和销售之间,发挥着统管全体供需的作用。这样的组织一般被称为SCM中心或PSI中心。PSI是"Production Sales and Inventory"的缩写,可译为生产、销售、库存计划。

至此可知,日本制造业存在的主要问题包括各自为政、参差不齐的代码编号体系和业务流程,而其解决对策是构建全球统一

代码编号体系和供需统管组织（全球化 SCM 中心）。关于全球品目编号管理及其辅助系统，本书 3-3 节已有阐述。下面对全球化 SCM 中心予以详细说明。

4-2 全球化 SCM 的理想形态

导入全球化 SCM，必须按阶段循序渐进

导入 SCM 的关键是"从只顾部分（部门等）到兼顾整体（整个公司或集团）的改革"。改革的最终阶段是全球化 SCM，但之前须经历以下各阶段。

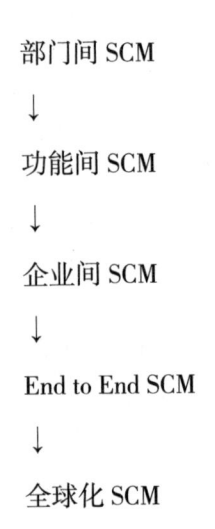

部门间 SCM
↓
功能间 SCM
↓
企业间 SCM
↓
End to End SCM
↓
全球化 SCM

部门间 SCM 打破了部门之间的壁垒，一旦实现了它，便能将改革扩大至功能间 SCM。该提升过程如图 4-2 所示。

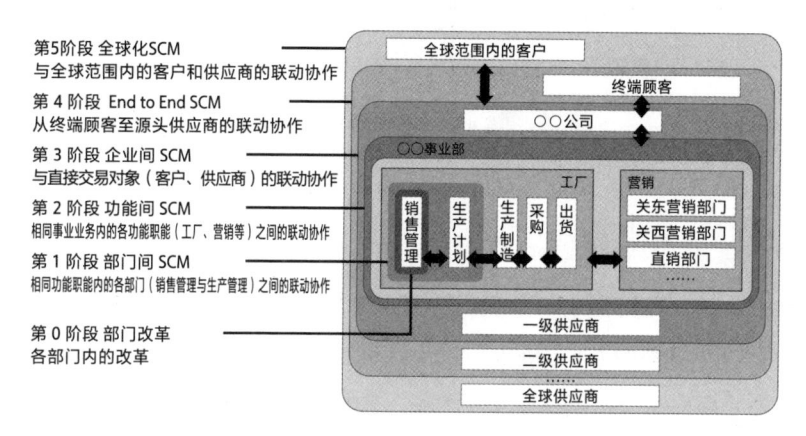

图 4-2 构建全球化 SCM 的步骤

下面解说支撑第 5 阶段的"全球化 PSI""全球化 MRP"和"全球化物流"。

全球化 PSI（生产、销售、库存计划）的现状及理想形态

具备"全球化规模制造业"的日本企业往往在国内外拥有多个生产及销售据点。PSI 的实施方式因企业而异，但大体可归纳为 3 种，具体如图 4-3 所示。

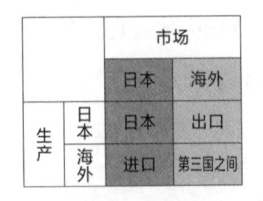

		市场	
生产		日本	海外
	日本	日本	出口
	海外	进口	第三国之间

市场轴分割型

		市场	
生产		日本	海外
	日本	日本	出口
	海外	进口	第三国之间

产地轴分割型

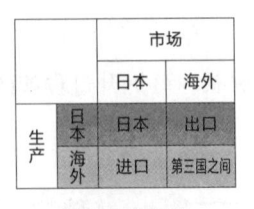

		市场	
生产		日本	海外
	日本	日本	出口
	海外	进口	第三国之间

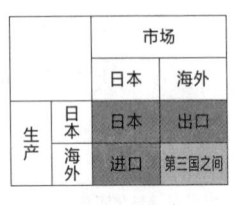

混合型

图 4-3　PSI 3 种类型

· 市场轴分割型

将 PSI 的覆盖范围（coverage）以市场轴划分，只要是面向日本国内市场的 PSI，则将海外生产的部分也包括在内；同理，只要是面向海外市场的 PSI，则将日本国内生产的部分也包括在内

· 产地轴分割型

将 PSI 的覆盖范围以产地轴划分，只要是在日本生产的，则将出口的部分也包括在内；同理，只要是在海外生产的，则将面向日本市场的部分也包括在内

· 混合型

只把覆盖第三国之间（海外生产海外销售）的 PSI 在海外实施，其他皆在日本国内实施

上述类型各有优劣，但其相同点在于"以国内外的销售或生产据点为单位，基于独立分散的战略和规则实施 PSI"，因此皆

属于只顾部门（部分）的 PSI。

与之相对，如果把国内外销售和生产据点的 PSI 集中于一处，企业便能基于统一的战略和规则，从而实现兼顾整体的 PSI。而这正是全球化 PSI 的目的和理想形态。（图 4-4）

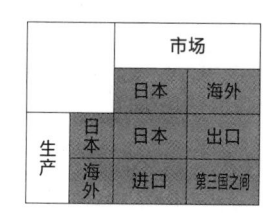

		市场	
		日本	海外
生产	日本	日本	出口
	海外	进口	第三国之间

图 4-4　全球化 PSI 的理想形态

由于统管全球化 PSI 的全球化 SCM 中心的出现，销售和生产部门的职责亦发生了变化。其中较大的变化之处在于，销售和生产部门的计划制订作业移交至全球化 SCM 中心负责，自身彻底转型为"实际作业部门"，即"销售部门专注于销售，生产部门专注于生产"。

SCM 的改革改善项目包括"提高需求预测精度""实现生产、销售、库存计划的同步""提升生产计划效率""使全球库存配置合理化""设定全公司通用基准［如库存基准、配送批量（Lot）、生产批量（Lot）等］""实现部门之间的信息共享""实现横贯部门、功能的业务流程"等。而在该改革改善活动中扮演核心角色的便是全球化 SCM 中心。鉴于此，导入全球化 SCM 中心的成效高低,可谓直接影响到"缩短供应链LT""削减库存""削减物流成本"等改革成效的高低。

SCP(Supply Chain Planning,供应链计划)系统是有力支持全球化SCM中心业务的IT系统。它是集需求预测、销售计划、物流库存计划、生产计划、调度计划于一体的"计划功能整合系统",内嵌能够计划和验证"供应链整体优化方案"的高速算法。关于全球化SCM中心和全球化PSI的具体内容,会在本书4-4节进行详述。

全球化MRP

供应链的重要职责之一是"尽快把握市场需求动向,并尽量准确地将其传达至供应链上游"。图4-5是供应链机制的简单图解。市场需求的动向信息通过"发单"这一信息媒介,按照产品工厂(制造方)→部件工厂(制造方)→材料工厂(制造方)→原料工厂(制造方)的顺序依次传达。并且如图所示,传达至供应链上游的发单信息由MRP系统生成。问题来了,如果各工厂的MRP周期为月度,那么市场的产品需求信息要多久才能传达至原料工厂呢?答案是4个月(产品工厂1个月+部件工厂1个月+材料工厂1个月+原料工厂1个月=4个月)。

可见,原料工厂等于是在根据4个月之前的产品需求信息开展生产活动,因此其生产活动与市场需求动向之间的鸿沟难以避免。

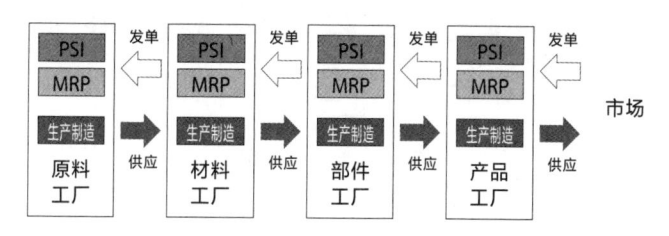

图 4-5 分散型 MRP

近来，把 MRP 周期定为周度的企业在增加。但即便如此，其到达原料工厂的时间也要 4 周。前面提到，供应链的一大目标是"将市场需求动向迅速传达至上游"。可不管是 4 个月还是 4 周，都难言"迅速"。

那么，怎样才能使市场信息到达原料工厂的所需时间大幅缩短呢？图 4-6 和图 4-7 是两种对策的图解。

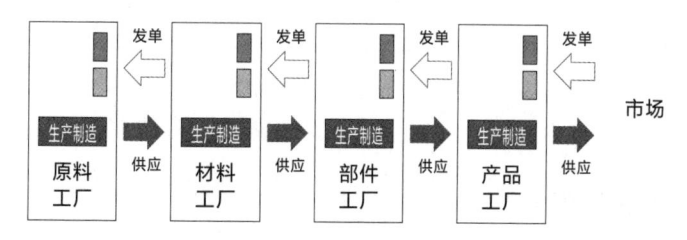

图 4-6 高速分散型 MRP

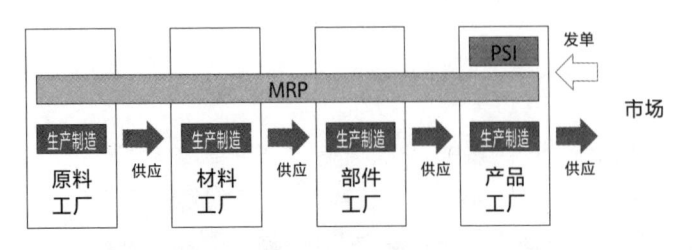

图 4-7　集中型 MRP

图 4-6 所示的高速分散型 MRP 在结构机制上与图 4-5 的分散型 MRP 并无不同，但通过利用近年来高速发展的 IT 技术，实现了对 PSI 和 MRP 的高速化处理，从而使计算 MRP 的所需时间小于"日单位"，并彻底消除了人为调整环节，最终使市场信息从产品工厂传达至原料工厂的所需时间缩短至数日之内。

图 4-7 所示的集中型 MRP 是把以前各工厂（或制造商）的 MRP 计算集中于一处的方法。通过该方法，从产品至原料工厂的 MRP 便能同时计算，消除了时间差。等于是所有工厂都采用产品工厂的生产计划来开展生产活动。

不管哪种方法，都各有优劣。关于这点，会在本书 4-5 节中详述。

全球化物流

随着生产、销售的全球化，物流也迎来了全球化的时代。工厂生产的产品经由工厂仓库、出口仓库、海外物流中心、海外销售公司仓库、配送中心等据点，最终送达顾客手中。

但对于物流全球化，制造业和物流业的企业经营层有以下烦恼。

·全球范围内的物流浪费和消耗。比如为了应对客户突然下达的紧急订单，不得不特派空运或卡车货运，从而增加了物流费用

·全球各地的库存不均衡。比如美国明明库存不足，可欧洲却库存过剩

·库存质量及周转率低下，导致资金周转不良

至于上述状况产生的原因，往往是由于日本总部未能准确把握海外法人的库存情况，致使全球各地的库存陷入"无法管理"的境地。

如果日本总部及国内外的销售公司能够准确把握国内外所有据点的现有库存和船运、空运及公路货物途中的"运输库存"，便能调整不同据点之间的剩余库存量，从而减少各地库存的不均衡状况，进而消除多余库存，最终对库存浪费实现显著改善。这便是"全球化库存的可视化管理"。要想实现全球化库存的可视化管理，可以将各据点或地区所运营的WMS（Warehouse

Management System，仓库管理系统）或 TMS（Transportation Management System，运输管理系统）与网络或 GPS（Global Positioning System，全球定位系统）相连接。

4-3　全球化 SCM 中心的理想形态

前面一节阐述了全球化 PSI，本节会对其核心"SCM 中心"进行解说，并同时深入探讨全球化 SCM 的形态。

导入全球化 PSI 的目的

先讲导入全球化 PSI 的目的。让我们从企业经营、客户服务、商业敏捷度、业务质量及效率的角度出发，对其进行分析。

【企业经营】
- 在全球范围内实现最为合理的资源分配（生产、销售、库存）
- 在全球范围内实现迅速及时的决策
- 建立"迅速把握变化""准确预估形势"的机制
- 通过利用 SCM 的评价指标，实现合情合理的决策

【客户服务】

·在全球范围内实现统一的客户服务

·实现对客户需求变化的敏捷应对（保持周度、日度的频度）

·建立保证交货期的机制

·提升 ATP（Available to Promise，可用量承诺）的精确度和速度

【商业敏捷度、业务质量及效率】

·通过废除重复的业务，减少各部门间的内耗和误会等

·明确各部门的权限和责任，从而为"快速决策"和"解决课题"创造条件

·通过对信息的一元化管理和共享，减少各部门的重复作业等

·通过对信息的一元化管理和共享，提高员工的主人翁意识和素养

·减少依赖特定员工个人技能和经验的业务

全球化 SCM 中心

全球化 SCM 中心是全球化 SCM 的核心所在，其成败可谓直接关乎全球化 SCM 的成败。

图 4-8 展示了原先各个销售和生产据点各自实施 PSI（供需

调整）的情况。各据点设定各自不同的基准和规则，其重视各据点的自身情况，并加以人为调整，因此与"兼顾全球各地的供需管理"相距甚远。

销售据点　　　　　　**生产据点**

销售据点	生产据点
国内销售公司A 销售、库存计划 销售活动	国内工厂① 生产计划 生产活动
国内销售公司B 销售、库存计划 销售活动	国内工厂② 生产计划 生产活动
海外销售公司C 销售、库存计划 销售活动	海外工厂③ 生产计划 生产活动
海外销售公司D 销售、库存计划 销售活动	海外工厂④ 生产计划 生产活动

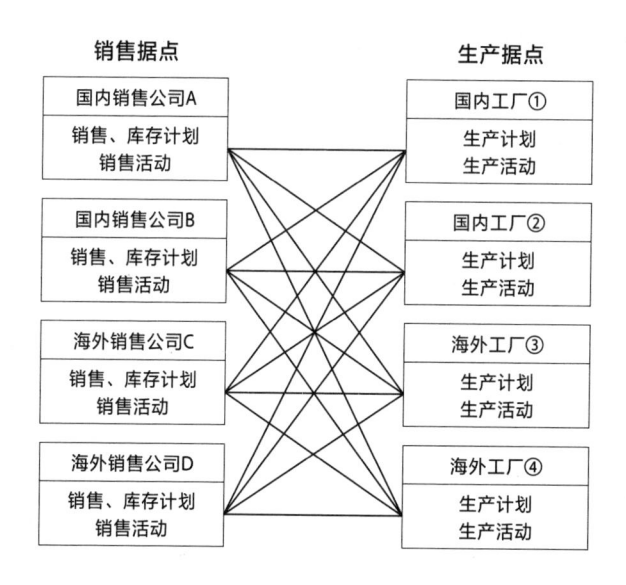

图4-8　销售和生产据点的供需管理活动

与之相对，图4-9和图4-10则展示了导入SCM中心后的情况。图4-9是基于各事业部的SCM中心，图4-10是囊括所有事业部的全球化SCM中心。

全球化 SCM 中心的职能

前述的 SCM 中心的职能可归纳整理如下。

【全球化 PSI 管理】
・全球化 PSI 的一元化管理和兼顾整体原则
・向销售据点传达销售计划
・向生产据点传达生产计划
・确保入手较为困难的"关键部件"的供给

【全球化库存管理】
・设定库存基准
・实现全球库存的合理化

【交货期答复】
・以 ATP 进行答复

【物流管理】
・制订物流战略
・最大限度优化节点（node）与链（link）

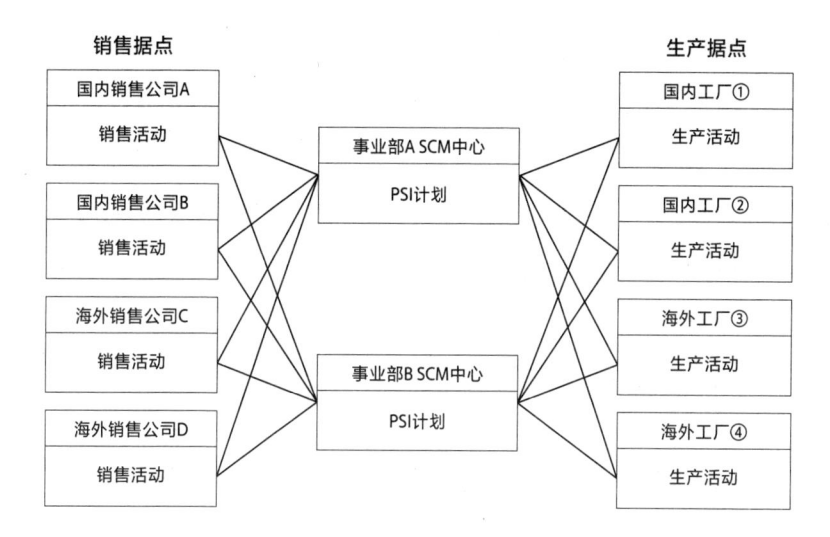

图 4-9　基于各事业部的 SCM 中心

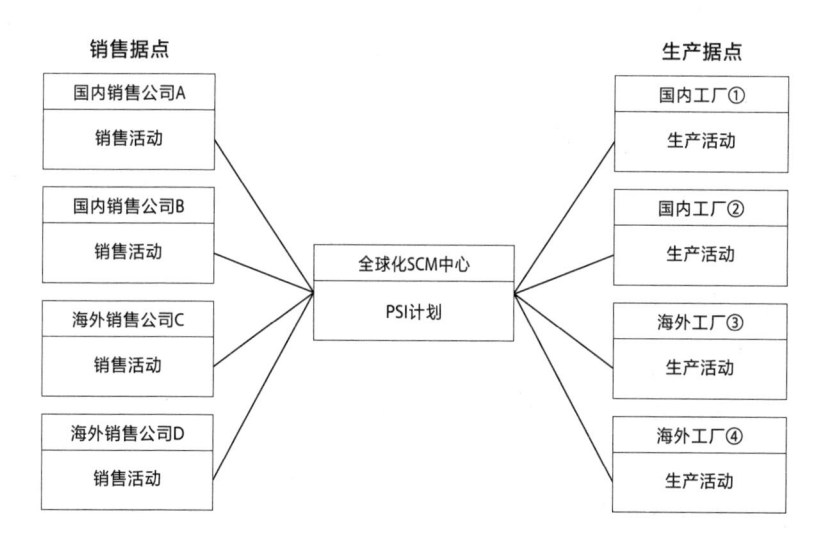

图 4-10　全球化 SCM 中心

将图4-8与图4-9、图4-10进行比较可知，原先分散在国内外各据点的生产、销售、库存计划被统一至各个事业部（事业部A、事业部B……）或者干脆集中至一个SCM中心，从而使国内外的销售和生产据点转变为只专注于"销售实务"和"生产实务"的部门。

而该形态正是"统管全球供需"的全球化SCM中心的理想形态。

【信息系统管理】

·开发和应用能够优化全球化SCM的SCP（Supply Chain Planning，供应链计划）系统

由此可见，SCM中心好比是供应链的"司令塔"，发挥着举足轻重的作用。而要想发挥这样的作用，就必须建立拥有较强执行力的高效组织。为此，SCM中心往往由社长或经营高层直接管辖。

全球化制造业的全球化SCM中心事例

前面阐述了实现PSI计划"兼顾全球化"的意义、导入手法以及理想形态。下面以某家大牌全球化制造业企业为例，介绍其

全球化 SCM 中心的功能和业务，从而加深各位读者对 SCM 中心的理解。

【战略库存、安全库存设定】
·设定战略库存、安全库存

【全球范围内的供需计划制订】
·生成全球化 PSI
·拟订生产、销售、库存据点的分配计划
·决定各生产据点的生产品目及产量
·确保入手较为困难的部件供应，并分配给各生产据点

【接单、出货计划】
·拟订出货计划并实施进度管理
·接单与交货期答复（以 ATP 进行答复）
·向营销部门答复交货期

【发现制约条件并采取对策】
·审视生产能力
·审视出货能力
·制订生产地战略

【监控与处理变化/异常】

・监控与处理变化/异常情况

・评价客户满意度（交货期遵守率、立即交货率、缺货率）

【定期统计分析及报告】

・维护管理 PSI 数据

・报告统计数据

【经营判断支持】

・对比 PSI 计划与事业计划（数量、金额）

・现金流

・验证价格变更草案（对收支和能力的影响）

可见，以上内容与前述的"全球化 SCM 中心的职能"几乎一致。

4-4　全球化 MRP 的理想形态

MRP 架构的要点及课题

在阐述全球化 MRP 的构建方法之前，先说明一下 MRP 架构的要点及课题。图 4-11 是 MRP 架构的整体图示。MRP 的输入信息有 3 种，分别是"需求信息""供给信息""基准信息"。MRP 系统基于这些信息，进行物料需求计划计算，在对结果的合理性进行评价和做出必要的修正后，便输出"生产指示"和"采购指示"。此外，对 MRP 输出结果的合理性的评价，会以"MRP 指示报告"（Compliance Report）的形式提交。

```
                      MRP的输入信息
┌──────────────┐  ┌──────────────────┐  ┌──────────────┐
│  需求信息     │  │   供给信息        │  │  基准信息     │
│ ·基准生产计划  │  │ ·既有库存量       │  │ ·品目管理     │
│  （MPS）     │  │ ·指示完成的生产订单 │  │ ·部件表（BOM）│
│              │  │ ·发单完成的采购订单 │  │ ·工序管理     │
└──────┬───────┘  └────────┬─────────┘  └──────┬───────┘
       │                   ▼                   │
       │         ┌──────────────────┐          │
       └────────▶│  MRP物料需求计划   │◀─────────┘
                 └────────┬─────────┘
                          ▼
            ┌──────────────────────────────┐
            │  MRP的输出信息="推荐建议"      │
            │ MRP的功能和参数难以涵盖所有例外事项和情况 │
            └────────────┬─────────────────┘
                         ▼
        ┌────────────────────────────────────┐
        │ 专业部门在评价、确认其合理性后，正式发行指示 │
        │     ·发行或取消指示·变更日期或数量          │
        └──┬──────────────┬─────────────┬────┘
           ▼              ▼             ▼
    ┌──────────┐   ┌──────────┐   ┌──────────────┐
    │生产指示发行│   │采购指示发行│   │    MRP       │
    │ 工序管理  │   │ 采购管理  │   │  指示报告     │
    │          │   │          │   │(Compliance Report)│
    └──────────┘   └──────────┘   └──────────────┘
```

图 4-11 MRP 架构的整体图示

【需求信息】

·主要的需求信息是基准生产计划。除此之外，还有部件和原材料等独立需求

【供给信息】

·不仅是实际库存，还包括预定入库的"指示完成的生产订单"和"发单完成的采购订单"

【基准信息】

·其包含了展开物料需求计划所需的各种项目信息。主要有品目管理、部件表（BOM）、工序管理等，它们被称为"三大基准信息项目"

MRP 基于这三大基准信息项目，进行物料需求计划计算，从而生成采购指示和生产指示的草案。

MRP（物料需求计划）

图 4-12 是 MRP 架构的说明图。在 MRP 中，以基准生产计划（Master Production Schedule，MPS）为依据，使用部件表，按顺时针进行"总需求量计算"→"净需求量计算"→"（计划指示）批量总括计算"→"（计划指示）着手日、完成日计算"，按照部件表从上至下的顺序循环计算，从而算出每个计划期的部件及原材料需求量。该计算循环方式适用于各种产品，不管是由数个部件构成的简单产品，还是由数万个部件构成的复杂产品，MRP 计算都会算到部件表最底层的部件和原材料为止。

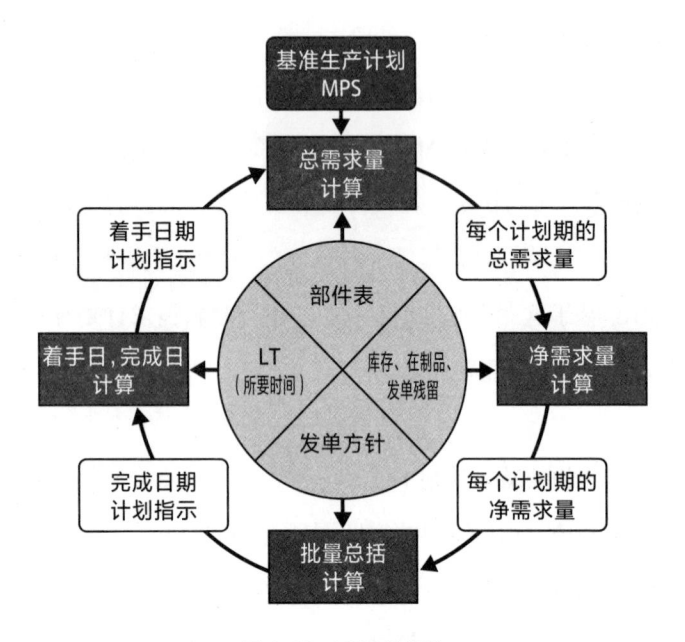

图 4-12 MRP 的架构

MRP 指示报告（Compliance Report）

对于生产和采购指示草案的合理性评价及修正结果，会以"MRP 指示报告"的形式上报。它不仅能体现本次 MRP 系统的利用率，还能为下次 MRP 计算的"情况改善"和"问题防止"等方面提供重要的参考信息。

MRP 的问题与解决对策

MRP 是将产品需求信息从供应链下游（产品工厂）传达至上游（原料工厂）的桥梁。但最大的问题在于，市场的产品需求到达供应链最上游（原料工厂）耗时较长，导致越是上游的信息，与市场实际需求动向的差异越大。其解决方法包括"高速分散型 MRP"和"集中型 MRP"。

高速分散型 MRP

简单来说，所谓高速分散型 MRP，就是把传统的分散型 MRP 以高速方式连接。以前，MRP 计算在装配工厂、部件工厂、材料工厂、原料工厂各耗费 1 周时间，这导致装配工厂的需求信息要 4 周时间才能传达至原料工厂。而如果各工厂的 MRP 计算实现高速化（比如将 1 周压缩为半天），那装配工厂的需求信息 2 天便能传达至原料工厂。可见，这里的"高速化"是指加快各工厂（或各制造商）的 MRP 计算速度，从而缩短需求信息到达上游的时间。

要想实现这种 MRP 的高速化，需要两大改善对策。

其一，去掉对 MRP 输出的生产、采购指示草案的"合理性评价"及"修正"环节，或者把该环节所耗时间尽量压缩至接近零。至于为何要修正，其原因可归纳整理为表 4-2。至于相关的解决手段，此处不予赘述。但可以明确的是，只要一个个地"消灭"这些原因，便能将修正生产、采购指示草案的作业时间尽量压缩至接近零。

表4–2 MRP的输出结果（指示草案）无法直接使用的原因

生产信息	·制订基准生产计划后，出现了较大程度的需求变动 大批量订单突然到来/大批量订单突然取消
供给信息	·库存数量存在误差 ·要想盘活剩余库存,必须将其作为代替品使用 ·发单完成的订单未呈现 ·交货完成的订单有残存
基准信息	·BOM存在误差 ·设计变更未能体现在品目管理或BOM中 ·生产指示成了采购指示 ·生产LT或采购LT存在误差 ·交货期是已经过去的日期

其二，以"Replace Mode"和"Net Change Mode"的组合方式来实施MRP。Replace Mode是以"全部品目"为对象的MRP计算方式，Net Change Mode是以"发生变化的品目"为对象的MRP计算方式。对前者自不必说，由于处理对象是全部品目，因此诸如MRP的准备作业、MRP的计算机运算处理、生产及采购指示草案的修正作业等，都要耗费时间。与之相对，后者由于只处理变化的部分，因此相关的作业时间大幅缩短。

但要注意的是，如果一味反复使用Net Change Mode，MRP的各种数据和信息就会产生错乱。因此需要定期（比如1个月1次）使用Replace Mode来进行MRP计算，从而纠正MRP全体数据和信息的错乱问题。

集中型 MRP

所谓集中型 MRP，即把产品工厂、部件工厂、材料工厂、原料工厂分别进行的 MRP 计算集中于一处实施。由于"在 1 处计算 1 次即可"，因此消除了上述工厂之间的信息时间差。这便是集中型 MRP 的思维方式。集中型 MRP 的输入信息基于产品工厂的基准生产计划，部件表（BOM）是各工厂提供的 BOM 的结合体，品目管理信息也是各工厂的品目管理信息的结合体。像这样，把 4 个工厂的 MRP 环境整合在一处，如同计算 1 个工厂的 MRP 那样，将 4 个工厂的 MRP 计算"一步到位"，使产品工厂的基准生产计划同时传达至位于上游的 3 个工厂，从而实现了各工厂以相同的基准生产计划开展生产活动和筹备部件材料。在适配供应链方面，集中型 MRP 比高速分散型 MRP 要更进一步，且在"敏捷应对市场需求动向""减少全球范围内的剩余库存和缺货状况"等方面亦能发挥作用，因此对企业的供应链改革贡献更大。（图 4-13）

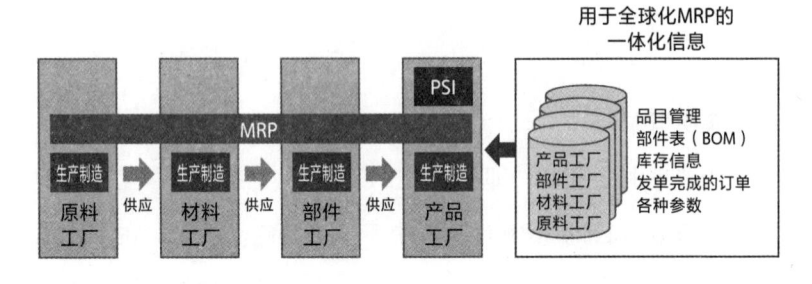

图 4-13 集中型 MRP

上面介绍了集中型 MRP 的先进性和效果，但要实现它，则需要解决以下 3 个课题。

课题 1：统一全球范围内的代码编号体系
课题 2：MRP 的实施日程要考虑各国的时差情况
课题 3：与各工厂的实时沟通（英语沟通能力）

解决上述课题的难度随着 SCM 阶段的提升（第 3 阶段：企业间 SCM，第 4 阶段：End to End SCM，第 5 阶段：全球化 SCM）而增加。此外，课题 1"统一全球范围内的代码编号体系"是 3 个课题中唯一与信息系统相关联的。

全球化 MRP 需要以跨组织、跨地域的形式交换代码编号信息。这种信息交换可以是同一企业内的不同工厂（如产品工厂、部件工厂、材料工厂、原料工厂等）之间的交换，也可以是 SCM

内的其他企业（如产品制造商、部件制造商、材料制造商、原料制造商等）之间的交换，还可以是国内外的自家工厂和其他企业（如自家产品工厂、海外部件制造商、海外材料制造商、国内原料制造商）之间的交换。假如使用"有含义的代码编号"，哪怕是同一企业的不同工厂之间，也容易发生"1品目拥有多个编号"的情况。更不用说不同企业之间，由于代码编号体系的不同，势必会产生各种各样的问题。鉴于此，要想实施集中型MRP，就必须完善代码编号体系，统合不同工厂和企业之间的品目管理及部件表，实现"一套统一品目管理""一套统一部件表"的运营方式。为此，本书3-3节中所阐述的"全球品目编号管理"就显得非常重要。

4-5 大牌全球化制造业企业的全球化 MRP 系统

下面介绍美国的某家大牌全球化制造业企业导入集中型 MRP 的成功案例。在导入集中型 MRP 之前，该企业采用传统的分散型 MRP。其每月计算一次，导致产品工厂的生产计划（基准生产计划）要 3 个月才能传递至最上游的半导体工厂。后来多亏了经营层强有力的领导能力，该企业一口气导入了集中型 MRP。本节所介绍的集中型 MRP 虽然计算时间依然较长（计算一遍要花费 20 个工作日），但若利用最新的 IT 技术，应该可提速 2 至 3 倍。而且笔者介绍该案例的重点在于"各据点基于和产品工厂相同的生产计划，MRP 计算将最上游的半导体工厂都同步在内"。

从分散型到集中型的 MRP 方式改革

上面提到，该企业之前的 MRP 方式较为传统。工厂之间的指示按照顺序，从一个工厂处理至下一个工厂。具体来说，对于产品的生产计划，先由产品工厂实施物料需求计划计算，然后将指示发送至半成品装配工厂。半成品装配工厂基于该指示，制订生产计划，实施物料需求计划计算，然后将指示发送至电路部件工厂。电路部件工厂和半导体工厂继续重复这样的作业。于是乎，通过这样的分散型 MRP 方式，产品工厂的生产计划要 3 个月才能到达半导体工厂。鉴于此，半导体工厂不得不基于产品工厂 3 个月之前的生产计划来采购调度原材料和投入生产。

由此产生诸多问题，比如"客户订单和生产计划之间的差异调整耗费时间，缺乏灵活性""各工厂时常出现库存剩余和必要部件缺货"等。为了解决这些问题，企业高层毅然决定导入全集团集中型 MRP 系统，将所有工厂的信息集中于一处，从产品到半导体，所有物料需求计划计算一次完成。新系统将最新的需求信息体现在生产计划中，并把从产品工厂到半导体工厂的所有工厂的需求信息以"同时并行"的方式处理。处理的内容还包括装配半成品、电路部件、半导体的接发单等。依靠该功能，之前耗时 3 个月才能传递至最上游的产品工厂生产计划，如今只要 1 个月（20 个工作日）即可。（图 4-14）

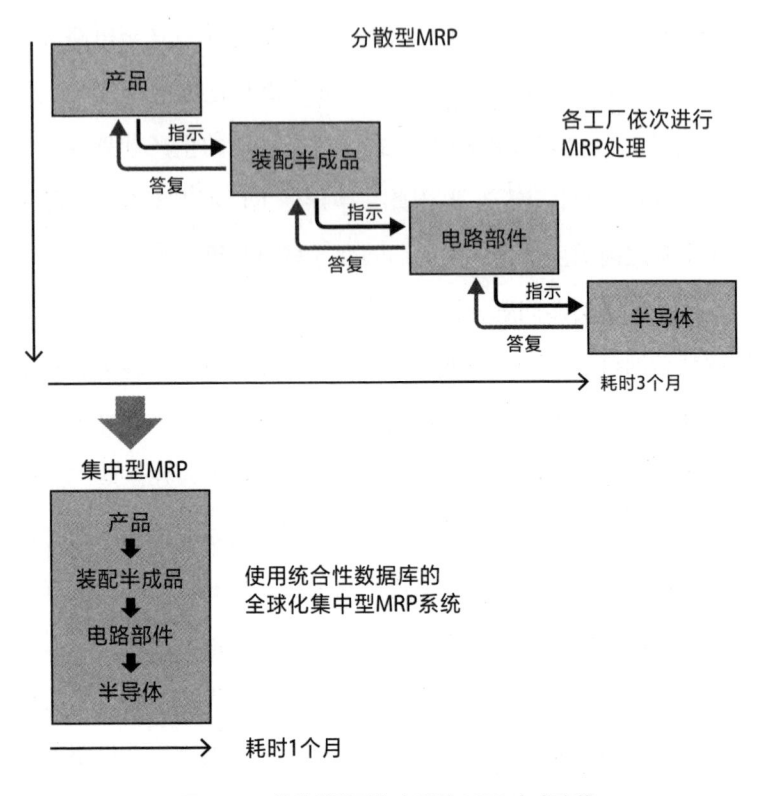

图 4-14 从分散型到集中型的 MRP 方式改革

系统构成

如图 4-15 所示，提供该功能的全集团集中型 MRP 系统由 3 个子系统构成。

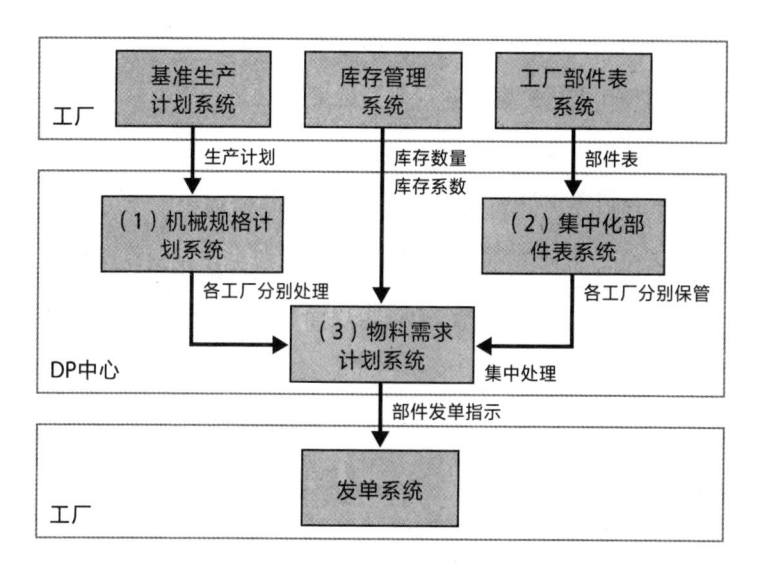

图4-15　全集团集中型 MRP 系统

（1）机械规格计划系统

产品工厂生产的机械规格有3种，它们是基本规格、可选规格和标准外规格。基本规格的机械台数与生产计划的台数联动，可选/标准外规格则根据接单情况，预测今后所需的台数，从而制订生产计划。

（2）集中化部件表系统

各工厂的部件表分别保管在各工厂。部件表的数据量庞大，一并发送较为困难。因此各工厂的部件表每次发生变动时，就只

201

把变动的部件信息发送至日常 DP（Dynamic Programming，动态规划）中心，进行数据更新。

（3）物料需求计划系统

这正是全集团集中型 MRP 的核心所在。其包括基准生产计划/部件表/库存数量/库存系数的输入、部件表展开、需求量计算、对各工厂的发单指示。将部件表从产品展开至半导体，其"层级深度"可达 30 至 40 层，因此如果等到计算完成至底层后再发送数据，则效率太低，各工厂收到信息和指示也太晚。鉴于此，每当一个层级的计算完成，就发送至相应的工厂。

"20 个工作日为 1 周期"的 MRP 运用

从确定基准生产计划直至完成物料需求计划计算、发单指示、接单确认、台账确认的一整个周期，都在 20 个工作日内结束。这 1 周期（20 个工作日），可大致分为 4 个阶段。（表 4-3）

第 1 阶段（第 1—3 天）

产品工厂确认从新基准生产计划中算出的机械规格预测台数。与此同时，所有工厂的输入数据都被发送至 DP 中心进行保管。该数据包括部件表、库存数量和库存系数。

表 4-3 "20 个工作日为 1 周期"的 MRP 运用

阶段	内容
第 1 阶段（第 1—3 天）	·确认机械规格方面的计划量 ·输入部件表、库存数量 ·MRP（物料需求计划展开）
第 2 阶段（第 4—9 天）	·审视部件订单指示 ·审视评估各工段能力 ·发出部件订单指示
第 3 阶段（第 10—14 天）	·接收并确认部件订单指示
第 4 阶段（第 15—20 天）	·对照确认发单残留台账和接单残留台账 ·输入基准生产计划量

第 2 阶段（第 4—9 天）

根据物料需求计划的计算结果，进行部件指示发单。周末实施物料需求计划的动态规划，并将其结果发送至相关工厂（发单工厂获取发单指示信息，供给工厂获取预定接单信息）。发单工厂在对发单指示信息进行审视后，以"部件订单指示"的形式将其发送至供给工厂。与此同时，供给工厂基于预定接单信息，已经提前审视和确认了自身的供给能力。一般来说，在审视后，发单工厂会按照 MRP 输出的发单指示发出部件订单指示。而在出现特殊情况时，发单工厂则会修改 MRP 的发单指示内容。

第 3 阶段（第 10—14 天）

供给工厂审视评估部件订单指示，并将其结果告知发单工厂。当要求无法得到满足时，发单工厂则审视评估对生产计划造成的影响，并在必要时做出调整。

第 4 阶段（第 15—20 天）

对照确认所有工厂的发单残留台账和接单残留台账。一旦出现差异，便以接单方的台账为准，对发单方的台账进行修改。与此同时，当发单工厂无法顺利调整生产计划时，发单工厂和供给工厂之间便会开展线下交涉。

如上所述，最新的产品生产计划在 20 个工作日内传递至半导体工厂，作为半导体工厂下个月的生产计划。如此循环，周而复始。

导入时所面临的课题及对策

鉴于全集团集中型 MRP 的特性，在转型过渡（cutover）期间，需要克服下列不利因素。

·总公司、DP 中心、各导入工厂位于不同国家和地区（日本、北美、南美、加拿大）

·为了便于 DP 中心集中处理，各工厂所使用的 MRP 数据格

式须统一

·各工厂必须同时测试系统、解决问题和转型过渡

位于不同国家、地区和时区的20多个相关部门，要同时转型过渡至同一系统。这种典型的大规模全球化系统之所以能成功导入，是因为总公司、DP中心和各工厂做到了"各司其职"。

·总公司

项目的总体责任、计划立案及进度管理、对各工厂的技术支持、设定并合计运用方面的各种目标值、向各工厂分配重要的关键部件

·DP中心（美国）

系统的开发、导入和维护，系统的测试及运用

·工厂

DP中心系统（全集团集中型MRP系统）与工厂系统的对接、系统开始运营后确立相关的运用作业工序、系统用户操作培训、设定运用方面的各种管理项目目标值并对业绩进行跟进

以上便是该美国大牌全球化制造业企业的全球化MRP概要。其目前的MRP计算周期依然为月度，可能给人的印象并不是很快。但在全集团集中型MRP的理念、信息系统、导入课题等方面，其具有较大的参考价值。

4-6　智能全球化供应链 2030

10年后的供应链会变成什么样？笔者预测，CPS（Cyber Physical System，信息物理系统）的应用度会显著提高。CPS的概念与IoT相近，但IoT是通过局域网将各物互联，其"主色调"是网络功能。与之相对，CPS从作为信息提供方的物理空间"吸取"大量数据，将它们存储在云端等服务器内，然后在进行所需的数据分析后反馈至物理空间。通过该过程来实现各种用途的一系列系统，就被总称为CPS。

CPS 时代的到来

基于CPS运作的SCM如图4-16所示。在物理空间（现实世界）中，运作的供应链时时刻刻在产生大量数据，这些数据被存储在云端等服务器内，定期进行大数据分析，一旦发现问题或状况，便利用AI来自动求得最为合理的解决对策，并将该结果反馈至物理空间内的信息系统或生产设备。而接收到反馈的信息系统或生产设备则自动开始实施最为合理的作业。

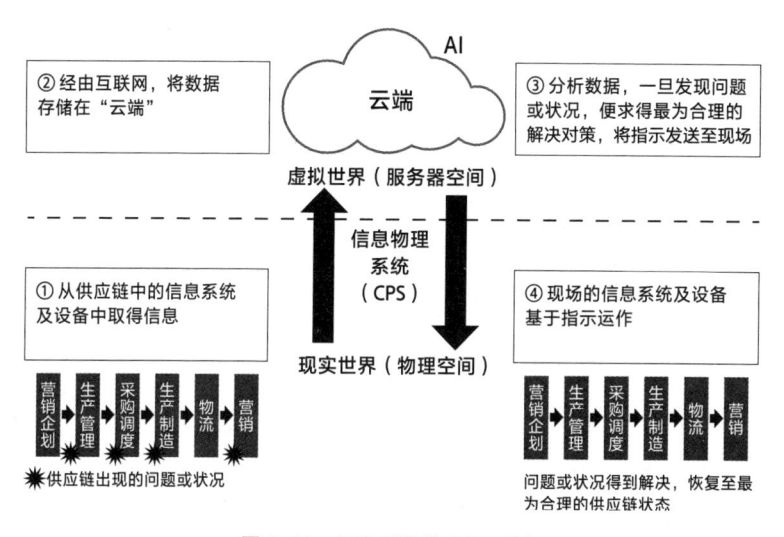

图 4-16 CPS 时代的 SCM 形态

供应链出现的问题或状况可归纳为以下几种。

· 大批订单到来，导致生产计划需要变更
· 销售计划与生产计划不一致
· 供应商对接收的部件订单指示的交货期或数量提出了变更要求
· 由于设计变更，需要紧急采购调度新部件
· 生产线进度落后于计划

- 生产线成品率低于计划
- 销售据点库存不均

对于上述问题或状况，目前主要靠人来思考对策，并对现场做出指示。但在 10 年后，也许能凭借 AI 来得出最合理的答案，并对现场做出指示。这种以 IT 为主体的时代离我们并不遥远了。

全球化 SCM 中心 2030

如今的 SCM 中心可谓供应链运作的核心，其职责如下。

- 全球化 PSI 管理
- 全球化库存管理
- 交货期答复
- 全球化物流管理
- 开发并维护与供应链相关的 IT 系统

因此，全球化 SCM 中心的成败可谓直接关乎全球化供应链的成败。

那么，2030 年的 SCM 中心会变成什么样呢？笔者认为，它会从"供应链司令塔"转变为"守护供应链 CPS 的监控中心"。10 年后，诸如以人为主体的行动、思考和指示等作业，会从现实世界（物理空间）转至虚拟世界（服务器空间）。（图 4-17）

全球化 PSI 2030

一旦新增或取消大量订单,云端的服务器系统便会察觉这种变化,然后以最为合理的逻辑自动制订 PSI,并将相应变更的销售计划、库存计划和生产计划通知各相关部门。自不必说,系统在制订 PSI 时,会将各种参数和各工厂的制约条件考虑在内,从而生成最符合现实情况的 PSI 计划。

全球化供应链的司令塔　　　　全球化供应链的监控中心

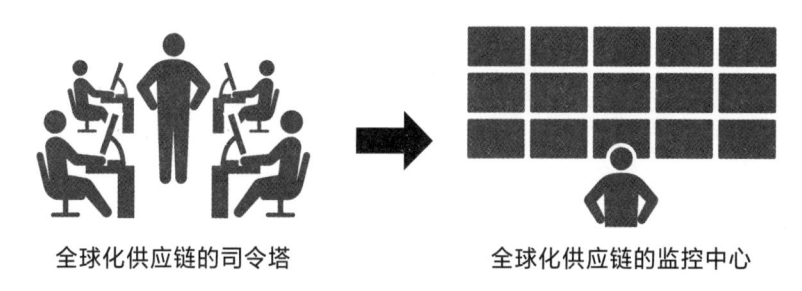

图 4-17　2030 年的 SCM 中心

全球化 MRP 2030

到了 2030 年,MRP 的自动化和自主化程度应该也会大幅提升。在发生下列变更或状况时,会启动系统触发器,从而使 MRP 自动做出反应,实施所需部件和原材料的采购调度作业。届时,MRP 已实现自动化,几乎不用再借助人力,也许能迎来一个"不良库存骤减""彻底杜绝部件缺货"的时代。

・由于 PSI，生产计划发生变更

・由于实地盘存，库存产生误差

・由于设计变更，需要紧急采购调度新部件

・由于生产线成品率低于计划，需要增加投入量

综上，本节所述内容仅为笔者的假想，但笔者坚信，到了 2030 年，第 4 次产业革命的大潮必会到来，我们将迎来正式全面应用 AI、CPS、IoT、RPA 的时代。

第 5 章
全球化智能工厂的未来形态

5-1 智能工厂的难题与成功法则

工厂的"SQCDE"是原点所在

至此,本章内容聚焦了数字技术的动向和应用领域,但工厂的进化并非一蹴而就。

"如何大幅提升工厂应对市场及环境的速度和灵活性"是工厂改革无法绕开的命题。工厂招纳的工人众多,承担着"解决当地就业"等社会责任,哪怕发展到"次世代工厂",该基本职责依然不会变。

"质量"(Quality)"成本"(Cost)"交货"(Delivery)的3个英语单词首字母组成的缩写"QCD"是工厂应确保的要素。(图5-1)再加上工厂的防灾安全义务(Safety)和环境保护义务(Environment),就组成了"SQCDE"(安全、质量、成本、交货、环境)的概念。

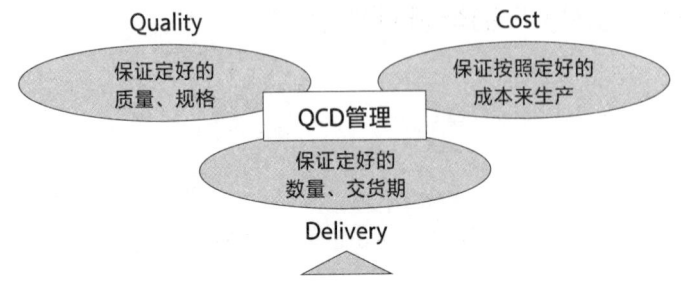

```
     Quality                    Cost
   ┌─────────┐              ┌─────────┐
   │保证定好的│   ┌──────┐   │保证按照定好的│
   │质量、规格│   │QCD管理│   │成本来生产│
   └─────────┘   └──────┘   └─────────┘
          ┌─────────┐
          │保证定好的│
          │数量、交货期│
          └─────────┘
            Delivery
```

按照定好的质量标准和成本，把定好的产品，按照定好的交货期生产出来

图 5-1　工厂的职责

此外，近年来开始流行的企业社会责任（CSR）概念使越来越多的企业定期向社会公示自身所采取的相关举措和努力。不仅如此，政府对企业的"非正式压力"（比如涨薪要求、对工作方式改革的配合要求等），导致企业所承担的社会责任不断增加。

为了在达成SQCDE的同时履行社会责任，工厂的基本职能被分为以下几类：

直接实施生产：生产制造部门

现场生产辅助作业：物流、维护、检查部门

功能性作业：生产管理、采购（调度）、制造技术（设计）、维护技术、品质保证

管理性作业：人事、财务、总务、信息系统

为了实现上述职能，工厂需要让各职能部门联动协作，从而带动 PDCA 循环。不管是什么样的工厂，这点都是共通的。从工厂高层到中层管理者，再到第一线的现场监督人员，各部门、各层级皆有自己的管理循环。可以预见，这种以"带动管理循环"为目的的工具和数据收集活动在今后会大幅进化。而要想打造智能工厂，关键就要让这种 PDCA 循环稳定运作。

及时的 KPI 管理

"通过上述 PDCA 循环，要做出何种决策或行动"，倘若缺乏这样的理念和意图，则再庞大的数据也只能沦为无用之物。为了避免这种情况，关键要审视和研讨收集数据的形式以及提供的时机。其中的重要理念在于"严格遵循某种顺序规则来进行数据收集"。至于工厂各部门所利用的 KPI（Key Performance Indicator，关键绩效指标考核法），则有以下几种。

【成本】
・生产制造成本、材料费比率、作业加工费率、机械加工费率、外包加工费率、各工段产能、成本削减达成率、机械运转率、物流费用率、机械设备利用率、工厂费用、固定资产投资、生产业绩、出货业绩、作业效率

【品质】

·残次率、残次损失金额、投诉件数/数量、品质改善件数

【交货期】

·库存量、库存月数、盘存精度、接单业绩、生产业绩、交货期遵守率、生产LT缩短率、生产效率

【人事】

·出勤率、改善提案件数、职场灾害事故件数、员工数、加班时间、员工培训时间

工厂的组织结构包括"以工厂长为代表的高层""以部长、科长为代表的中层管理者"以及"现场监督人员、小组组长、一线员工"。在制订KPI时，需要与各阶层相适应，并且要将"易于带动PDCA循环"考虑在内。比如，工厂长倾向于把"库存金额"作为业绩指标，但对现场监督人员而言，更习惯于把"库存数量""库存重量"作为管理单位。

随着数据采集的精细化和细分化，除KPI外，诸如"提升各种生产消耗单位值的精度""扩大各种管理对象"等要求亦会出现。目前，不少工厂管理的生产消耗单位值包括能源、铸具夹具和成品率等，且在现场运用PDCA循环，但由于其精度依然有限，因此尚无法覆盖一些领域和方面。

以电费为例，在较为老旧的工厂内，计费的电表往往是"每个厂房装一个"或者"厂房内的每个片区装一个"。在这样的情况下，即便算出了"生产一件产品所消耗的单位值"，也只是纯理论性的数字。若其产品、部件和品目数量或种类较多，且产品构成发生变化，则相关的生产消耗单位值便无意义。若是生产线、设备的布局排列有变，抑或其所对应的产品有变，则与过去之间的比较也会变得毫无意义。

但如果利用如今价格已经较为低廉的传感器，通过安装它们，来获取每台设备的生产时间及生产部件的数量，便能基于部件编号单位，正确计算出相应的生产消耗单位值。如果能进一步实现可视化管理，便能比较"部件之间的差异""当下与过去的差异"等，从而发现亟待改善的空间，最终实现更有意义的PDCA循环。

要想正确、及时地提供这些多样化的信息，关键要实现联结各种系统的"数据统合"以及构建能够灵活、迅速应对变化的数据库。换言之，"数据管理"的重要性日益提高，其管理对象包括"数据来源""数据种类""数据量""数据构造方式""数据的追加、更新、删除方式"等。在欧美的一些企业，名为"CDO"（Chief Database Officer，首席数据官）的职位应运而生，可见其强化专业数据管理的动向。

实现智能工厂的机会

要想让智能工厂的概念化为现实,则投资必不可少。最大的机会是在建设新工厂时。基于"高投入带来高效果"的目标,将全新设计的信息系统和控制系统在初期便"嵌入"工厂内,可谓"从零开始一步到位"。对于"工厂达成何种水准的SQCDE""为此进行怎样的工段、工序设计""导入哪些设备""采集哪些信息""如何利用这些信息"等问题,可以实现配套化、一体化的审视和探讨。在该情况下,由于能够采取"描绘理想蓝图→具体分解落实"的业务设计手段,其自然可谓"实现飞跃性改革"的巨大机遇。

除新建工厂外,诸如"新设生产线"等与工段相关的报废、新建及改造亦可谓较大的机会。与新建工厂相比,其规模和格局较小,但"高投入带来高效果"的目标理念依然适用。即设定远大目标,进行大笔投资,积极创造成效。

至于要想在既有生产线上实现智能化,则需要截然不同的手段。如前所述,若是新工厂或新生产线,则重点在于"设计理想蓝图";而若是改造既有生产线,则应采取"现状改善型"的解决方案。常用的具体手段是"将传感、监控机器在部分环节先行试用,从而验证其功能和效果"。

总而言之,实现智能工厂需要相应的投资。在利用大数据方面,虽然海量数据中蕴藏着前所未有的价值和意义,但倘若一味增加传感和监控机器，无谓地采集体量庞大的数据，则只能是浪费金钱。鉴于此，原则上要尽量利用模拟评估等技术，在对投资和效果进行充分论证后，明确具体应该采集哪些数据。

说到这里，不得不提引领全球市场的日本最大汽车制造商。据说该企业高层要求员工"尽量拿掉传感器"。对于有必要的地方，设置传感器或摄像头自然无可厚非，但要注意的是，"有传感器的地方"等于是"改善活动依然未完成的地方"。可见，高层其实是在督促和激励员工"尽快推进改善活动"。这点十分值得学习。

日本企业的中枢系统之所以迟迟不更新，其原因之一是"中枢系统涉及工序管理"。因此一旦更新，就会出现瓶颈，使得更新行为"兹事体大"。近年来，针对这种接近现场的领域，有的企业通过导入MES（Manufacturing Execution System，制造企业生产过程执行系统）来实现职能分担，但该方法对过于老旧的中枢系统并不适用。可见，在更新中枢系统时，如何化解这样的问题，挑战的是相关负责人的企划能力。

5-2 智能工厂的理想形态

可视化

经营制造业企业的关键点之一是"可视化"。作为实现它的手段，运用 IoT（物联网）的重要性日益增加。IoT 顾名思义，是将相关物件设备通过网络互联的状态，以及相互交换信息的方式。

至于工厂内的 IoT，首先依靠简易终端或传感器收集人和物的信息，然后将信息经由网络传至云端，云端对需要的信息进行存储，并在对其进行分析后，再将结果反馈至人和物。在此过程中，AI 发挥着重要作用。

在该领域，近年来大幅进化且日趋重要的是传感器。如今，其可收集的信息已相当丰富（请见表 5-1）。不难预见，其今后也会加速发展，从而提供更为多样的信息。

表 5-1　可收集的信息

机械学科	力、位移、速度、加速度
光	光度、亮度、强度、红外线
水质	纯度、浊度、色度、传导率、PH 值
声音	音压、音质、音波、杂音
频率	频率、周期、波长、位置、振幅
电	电力、电压、电流、电阻、功率因数
热	温度、热量、比热、热传导度

除此之外，诸如对监控摄像头记录的影像数据的收集和处理、利用 RFID（Radio Frequency Identification，无线射频识别技术）的信息收发、基于精确 GPS 的位置信息应用等，都在日益进化和发展。（图 5-2）

关键在于"明确想采取的行动，并共享相关信息"。在此基础上，需要进一步解剖细分需求，包括"想知晓什么""想看到什么""需要什么数据""如何取得数据"……从而决定如何设置传感器。许多类型的传感器依然价格较高，因此必须慎之又慎，防止产生不必要的高额投资。

而在可视化方面，也可谓发展迅速。说到工厂的可视化管理，"安灯系统"[①]可谓其原点，它体现了可视化管理的初心——"明示所需信息，做到众人可见"。近年来得益于机器设备的发展

---

① 安灯系统是一种信息管理工具，其通过分布于车间各处的灯光和声音报警系统，来收集生产线上相关设备和质量等信息，从而实现管理。——译者注

进步，作业人员可以通过自己的 PC 和智能手机来查询所需信息，一旦有紧急通知，也能以告警提醒的方式显示在终端设备上。

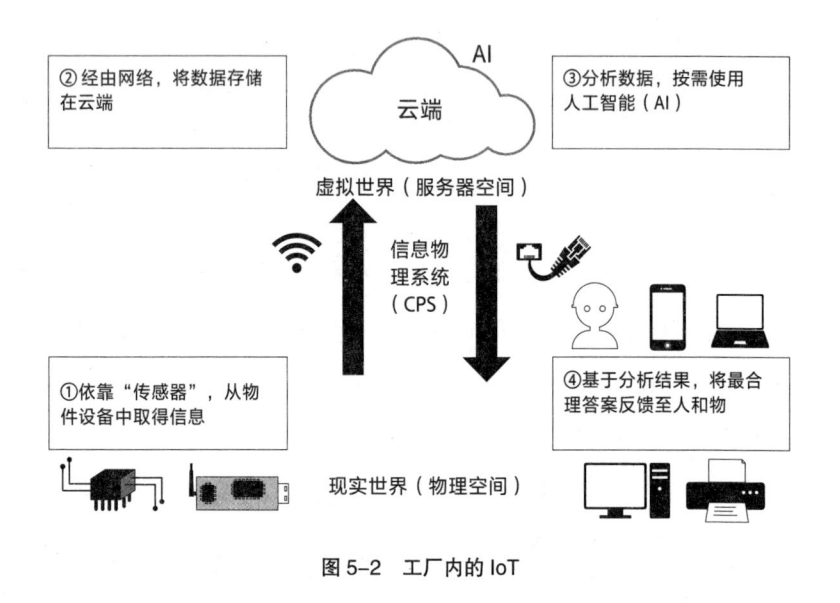

图 5-2　工厂内的 IoT

如今，不仅限于"在相关作业节点上设置显示器"这种传统方式，随着 VR（Virtual Reality，虚拟现实）和 AR（Augmented Reality，增强现实）的发展和应用，依靠头盔式显示器（Head Mounted Display）或眼镜型显示器等来实现可视化管理的手段亦在推进之中。这样一来，诸如作业指示和注意事项等信息便能以实时的方式通知作业人员，从而为提升生产效率和产品品质做出贡献。

由此可见，IoT应用前途广泛且潜力巨大。但要注意的是，从搭建网络的数字技术角度看，其接口制约和网络安全问题应得到重视。

接口标准化
·IoT平台的国际规范、业内标准
·统一数据格式
·通信协议规范（无线、商用局域网等）

安全强化
·阻止外部网络对工厂（控制系统）与总部（中枢系统）的介入
·确保服务器安全，防止被攻击

全球化企业的信息交换跨越国界，其风险相应较高，因此必须强化网络安全。话虽如此，网络攻击和网络安全一直是"道高一尺魔高一丈"，可谓没有终点的斗争。总之要未雨绸缪，建立应对信息外泄和计算机病毒感染的应急预案。

智能化

最早的AI技术应用热潮发端于电脑游戏产业等领域，但当时其程度有限，若规则指示不完整或者逻辑不清，AI便无法应对。第二次热潮始于20世纪80年代，当时的日本也致力于"研发第5代计算机"的国家项目，试图将专家的知识植入计算机，从而解决现实中的复杂问题，可惜应用程序和预算跟不上，使AI技术进入低谷期，只给人们留下了一个未解课题——"如何实现隐性知识的系统化"。

转眼到了20世纪初期，"机器学习"这种由数据自动形成判断基准的技术，成了再次激活AI的触发器。尤其近几年来，随着研究和应用的不断发展，机器深度学习已然凌驾于人类能力之上，相关新闻亦成为社会话题。对于第2次AI热潮未能克服的问题——"如何让计算机习得直觉和经验，从而应对未知事物"，如今不少的研究机关和AI初创企业已经在着手解决，并开始成功应用相关成果。

AI可分为4个级别。Level 1（1级）只能履行事先设定好的指示；Level 2（2级）能按照基准进行判断；Level 3（3级）能自主改善基准并进行判断；Level 4（4级）能自主设定判断基准并进行判断，可谓高度智能。而在制造业领域，AI的应用前景亦非常广阔，且已在多方面得以证明。

在工厂，各方面都需要做出判断。比如基于KPI的工厂人员增减，设备改造，工厂高层对"是否更换供应商"等问题的决策，科长级负责人在发生重大设备故障、部件短缺、品质问题时的判断，现场监督人员对时刻变化的生产现场内的人、物、设备的现场管理、变更点管理以及对"正常"和"异常"的判断等,涵盖各个方面且纷繁复杂。

在这样的现实情况下,目前AI的主要应用范围还局限于"一线操作领域",比如设备控制和大数据分析等。从级别上来说,这种"数学处理+些许判断"的程度仍属于"Level 3(3级)初期"。但与此同时,利用"目视检查"AI技术的自动化、故障预测应用,以及以设备控制为目的的参数自动设定等较为先进的案例也不少。今后,随着AI的不断进化,AI判断的应用范围将不仅限于设备层面,还包括作业层面、安排统筹智能等多方面。

尤其是大数据处理,AI在其中发挥着不可或缺的作用。如今,除了处理结构化数据外,随着非结构化数据的急剧增加,基于新数据湖(Data Lake)的数据维护及AI自主数据分析成为新需求。换言之,要从实时收集的数据中提取出所需数据,且要精准精确。这已经不是人能处理的作业,必须依靠AI。由此,人们逐渐找到了AI最适合的"用武之地",并将人从海量数据分析的作业负担中解放出来。

自动化

在ISO(International Organization for Standardization,国际标准化组织)中,产业用机器人被定义为"拥有3轴以上的自由度,可自动控制、可编程的操作机(manipulator)"。尤其指可示教再现（teaching）的产业用机械设备。

这类机器人在重复作业和高危作业领域发挥作用，比如搬运重物、吸取涂料等。其不但大幅减少了作业人员肉体和精神上的负荷，而且在确保安全、提升品质、保证交货期以及削减成本和库存等工厂活动方面做出了巨大贡献。

可以预测，在这些领域延长线上的机器人应用将会日益加速。愿意从事单纯劳动和恶劣环境劳动的人越来越少，导致人手不足，这是各发达国家普遍存在的问题。而即便在发展中国家，企业亦不放松以削减成本为目的的人员精简活动。设备自身的进化推动着自动化的发展，而自动化作为其核心部分，无疑是技术革新的重要阵地。

在功能方面，除了传统的"示教再现（teaching）机器人"外，内置微电脑的机器人则能够提取温度计、重量计等测量机器以及具备视觉、听觉、触觉、嗅觉等感知能力的传感器所获得的数据，然后加之简单判断并自动开展作业。像这种智能化的作业机器人，今后想必会不断增加。

此外，通过在机器人中嵌入 AI 技术来实现"自主学习动作"的协作机器人正在成为广受关注的研究热点。顾名思义，它是一种通过 AI 自主学习动作，并与人建立直接相互作用的机器人。由于它能以作业工人为模范，进行模仿学习，因此其应用前景广阔，包括进行缝制等复杂作业以及在自动搬运基础上的自动排序分类等。一旦其全面投入使用，便能代替目前的作业工人。这样一来，原本设置在工厂车间的防护栏也可以撤去，从而使生产现场焕然一新。但要注意的是，事先的危险性评估和相应的对策设置必不可少。

另一个自动化的进化领域是间接业务。近年来，RPA（Robotic Process Automation，机器人流程自动化）开始正式应用至该领域，且融合度较高。与 AI 相同，RPA 也有自己的进化阶段。（表 5-2）

表 5-2 RPA 的发展阶段

	阶段	技术	相应 Level（级别）
1	Basic（基础）	RPA	实现部分 PC（电脑）固定作业的效率化
2	Cognitive（认知）	RPA+识别技术	将人从 PC 固定作业中解放出来
3	Intelligence（智能）	RPA+弱 AI	提升人在决策时的精度和合理性
4	Evolution（进化）	RPA+强 AI	涉足原本只有人才能开展的作业

【阶段 1】

其以整个公司、部门员工所进行"固定常规操作"为对象，是如今发展最快的人工替代领域。

【阶段 2】

不仅是固定账页票据的 OCR（Optical Character Recognition，光学字符识别），还包括对非定型账页票据和手写文字的识别等。

等于是替人代劳靠人工难以精确识别和判断的内容。

【阶段3】

通过利用AI模型,实现诸如提取、加工、合计销售计划数据等事先处理作业,以及诸如需求预测结果联动等事后处理作业。

作为减少生产劳动事故、打破IT投资界限、改革工作方式的支持型工具,RPA的应用领域在日益扩大。2017年,有超过10%的日本上市公司在着手应用RPA。可以预见,到2030年,我们也许能看到用于安排接待工厂参观团体的机器人。

如上所述,智能工厂的各个方面都在发展进化,但介绍的事例几乎皆为"顾及工厂某个特定部分或环节"的个别应用事例。鉴于此,与其像第3章、第4章那样单纯介绍事例,不如针对"围绕生产3要素［3M:人（Man）、物（Material）、设备（Machine）］的环境变化"这一课题,一边考察相关事例,一边进行归纳整理。具体内容请见下节。

5-3 智能工厂的人员管理

安全卫生管理

哪怕是智能工厂，其"以安全为最优先"的理念依旧不变。通过 VR 和 AR 技术来实现对危险场所及作业点的模拟体验，从而提升员工的安全意识。这类技术应用正在不断推进，从而充实了工厂的安全管理环节。自不必说，安全是工厂运作的首要课题，其随着工业发展一路进化至今。以冲压机为例，几十年前，相关作业规范规定，按钮要双手按压，机器才会运作，为的是防止作业工人的手被夹伤。后来，随着使用光电管的"区域动作传感器"问世，就能在工厂车间内按需设置"禁止入内"或"禁止触碰"的区域，一旦违规进入或触碰，相关机器设备便会急停。如今，该功能已十分普及。此外，像安装在工厂无人搬运车上的传感器，一旦识别到人或障碍物，便会根据情况自动刹停车辆……可见，在工厂安全领域，数字技术亦在发挥重大作用。今后，虽然工厂无人化会逐步推进，但工厂仍是"面积较大，危险较多"之地。因此，基于"保护人"理念的安全措施还会不断进化。比如利用IoT来把握员工位置以及实施远程控制作业等。

此外，诸如对"险兆事件记录"等海量信息的数据化活动等，也对数据库和检索技术的高效化提出了要求。尤其在工厂分布各地的全球化企业中，对于灾害事故等状况的安全告警机制，强调的是"迅速及时"。而通过利用互联网或局域网，便能瞬时将相关信息传达至世界各地。

至于卫生方面，通过监测员工的血压和心跳等，便能为员工的健康管理发挥作用。该领域的发展是全社会的趋势，日本国内的制造业企业现场亦不例外。随着作业人员的高龄化，对他们卫生方面的管理（包括精神卫生在内）日渐成为重要课题。

作业管理

"精确收集员工的实际作业业绩"已然成为工厂管理领域日益高涨的需求。在参照标准成本计算的企业中，为了正确进行成本计算，需要把握作业人员"生产各种产品所耗费的时间"。但在产量和品种频繁变化的今天，员工常常需要同时操作多台设备，负责多项作业。这样的作业环境使"正确记录业绩"变得困难。

其主要理由是"负责输入业绩的人员十分繁忙"，但究其深层原因，由于输入的业绩并不是自己的，因此难免会萌发"事不关己"的思想，从而产生"枯燥厌烦"的心态。作为有效对策，可以让输入作业自动化，不再依靠人工；或者简化输入流程，让负责输入业绩的人员轻松方便地完成作业。

所谓"自动业绩收集方法"，即通过利用区域动作传感器、作业监控摄像头、可穿戴终端设备、人体传感器等，来自动记录作业人员的活动。该领域的技术开发正在推进中。该方式对人的负担为零，但需要较大的投资。而若不实现自动化，也可通过在生产路径（流水线等）上安装输入按钮，以及利用一键触控式开关、触控面板、语音输入等设备和技术等，来实现业绩输入的便捷化和轻松化。

若能如此精确记录作业人员的动作，通过利用相关数据，在设定标准作业、标准时间以及改善作业路径、动作和编成等方面皆有广阔的应用前景。

尤其是标准作业和标准时间，它们是与成本计算息息相关的生产消耗单位值，因此"设定正确的标准时间"和"及时修正误差"可谓重要课题。此外，能与摄像头联动，并自动汇总、编辑、计算测定时间的辅助软件也日益完善。不仅如此，得益于作业管理软件的发展，在此基础上实施的"生产能力迅速确认"和"作业编成"也日趋充实。（图5-3）

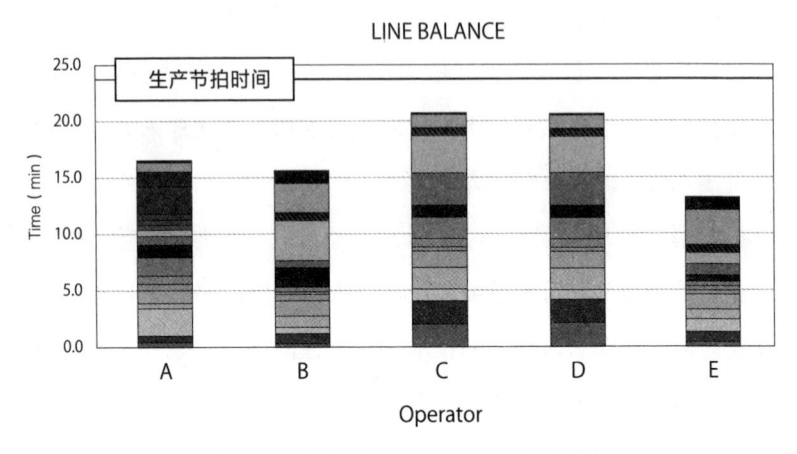

图 5-3　作业编成（Line Balance）表示例

技能传承

技能和技术传承一直是"工匠世界"的概念，但数字技术的发展揭示了其在"技能和技术传承"领域发挥作用的潜力。随着对精密复杂动作的数据收集，以及对人的五感（视觉、听觉、嗅觉、味觉、触觉）的"数字化"，加上 AI 深度学习等技术，或许在不久的将来，原本唯有特定的人才能完成的特殊作业，也能实现"数据化"和"一般化"。

举个技术层面的传承事例。在启动生产线时，需要设定各种机器参数。在设定过程中，需要把握"单位时间处理量"和"品质基准"之间的平衡，从而设定最为合理的数值。以前，这种作业多数要依靠技术人员的职业技能。而如今，设定参数的作业已经能用AI来代替。此外，鉴于可行性和成本问题而无法在物理空间（现实环境）下开展的"试错"，若在虚拟空间（电脑环境）中得以实现，则AI的应用范围也能得到进一步拓展。

再举个技能层面的传承事例。像车床加工等，原本是具备较高切削技能的高级技工才能从事的作业，但随着数控机器的发展，该技能就被机器所"习得"了。比如，在加工机器和镜片时，高级技工从哪里开始切削、如何切削、粗加工至哪个阶段、从哪个阶段开始精加工……通过对这一系列作业内容和细节的分析，再将其数据化，最终形成有针对性的机械加工中心（Machining Centre）研发项目。相关的研发虽然早就开始推进，但如今仍有不少工厂不得不依赖高级技工。

工厂所涉及的技能不仅是生产制造作业，还包括检查、维护、部件供给等"准直接作业"，以及调度安排等间接作业。由此可见，AI的应用前景非常广阔。

对制造业而言，上述技能可谓宝贵的知识财产，因此如何对其进行累积、存储和管理，亦是一个十分重要的课题。提到企业的知识财产管理，传统的认知往往局限于专利等方面的数据积累和管理。其实，对于技术和技能等企业内部的知识体系，也应该将其"文本化"和"影像化"，从而实现"体系化"，并长久保存。

现场价值观的变化

"二战"后,在实现"低成本、高品质生产"方面,日本工厂做出的巨大贡献毋庸置疑。一般认为,其根本原因在于"勤劳的国民性"和"对公司的忠诚心"等。而作为反映这种日本制造业本质的共通关键词,"三现主义"经常被提及。与欧美工厂管理者那种"坐在办公室参看交上来的报表"不同,遵循"三现主义"的日本制造业管理方式在当时一下子就体现出了竞争优势。

所谓"三现主义",即"基于现场、观察现物(实物)、基于现实处理"的工厂活动规范。而随着IoT的发展进化,可能也会对这种传统的价值观产生影响。正如前所述,现如今,只要有详细的数据和影像资料,即便不亲临现场,也能掌握情况;只要通过网络会议或在线沟通,即便不进行现场的私下交流,也能商讨对策。

但要注意的是,管理者和相关负责人亲临现场的意义并非只是单纯地解决问题,其还包含更为重要的意义。面对面交流沟通会在有形无形之中带来积极影响。随着电子邮件等工具的出现和普及,企业员工之间的沟通方式发生了变化,哪怕对就坐在身旁的同事,有的员工也会用电邮沟通。但笔者认为,即便在这样的大环境下,"现场主义"依然是工厂全体员工应该秉持的思想和心态。换言之,哪怕环境有变,在顺应变化的同时,亦不能忘却这种"重视现场"的价值观。

此外，IoT对工作方式可能也会产生重大影响。工厂每天运作，全员按时上班，这一直是理所当然之事。但随着IoT的应用，诸如总务、人事、财务等部门的人员已经可以"部分在家办公"，甚至包括与现场较为紧密的生产管理、生产技术、品质保证等部门的人员，根据实际业务内容，将来也能实现"错时上班"和"在家工作"。

再畅想一步，在将来，哪怕是像IT和维护这种与现场作业直接连接的部门，只要实现了"远程处理系统和设备故障"，便能摆脱工作地点的束缚。倘若一家企业在世界各地的工厂都采用同一套系统和设备，或许不上夜班也能实现"跨国支持和处理"。

从某种意义上来说，工厂即社会的缩影。有的改革即便在"物理层面"能实现，在现实中也并非即可实施。在推进智能工厂时，必须同时转变员工的意识。

5-4 智能工厂的物件管理

可追溯性

近年来,对于在全球范围内拓展业务的企业而言,其不断增大的风险之一是"品质"问题。能在全球范围内拓展业务,证明自家的产品在世界范围内获得了一定的口碑。可一旦出现品质问题,由于相关产品市场保有量较大,要想收拾局面,恐怕需要耗费庞大的资金。当然,对策费用的多少取决于企业的"应对范围",但目前市场环境日益严酷,一些原本不属于需要应对或召回的产品问题,如今也不得不列为范围之内,这使得消费者对产品品质的要求更为严苛。相关的案例并不少,有的全球化企业由于产品品质问题而付出了巨额的应对成本,有的企业甚至因此陷入经营危机。

制造业往往以批量管理和品质履历为核心,收集和存储每种产品的相关数据。这样的机制由来已久,而随着数字技术的发展，便能收集之前无法收集的数据，并存储海量的履历数据。以工厂内部为例，诸如制造日期和时间、作业人员名、使用设备编号、铸具/夹具管理编号、尺寸数据、批量编号、有无修正等。根据实际需要，这些详细数据尽可添加。此外，随着数字技术的发展，对于那些原本属于"产品群"单位而只能实现粗放型数据收集的对象，相应的对策亦在推进之中——收集每种最终产品的数据，对于附加值较高的"定制菜品"般的产品，则采取"一品一数据"的履历管理方式，从而显著提升管理细度。

除了使用的原材料的批量编号和收货日期时间等材料数据外，通过批量编号，还能打通供应商的生产制造履历数据。不少产品的品质问题源于供应商，但最终担责的是甲方工厂，关键要得到供应商的理解，从而建立可追溯性（traceability）机制。

不仅如此，若产品内嵌有ID芯片或卡片等，便能记录产品从工厂出货后的经由地及仓库等路径信息。此外，若能记录和回收产品交货后的维修履历等信息，还能为将来的产品开发提供参考。

残次要因分析

若工段内发生残次问题，通过记录其相关数量、现象或信息系统中的录入数据，便能在改善活动中发挥作用。对于紧急事态，也能即时做出反应，采取对策。

在上述品质管理领域，数字技术的应用亦令人期待。得益于传感器的发展进化，如今可以获取许多原先无法获取的数据，这使得原本属于"黑箱"范畴的一些要因得以"见光"。至于相关的数据分析工具，以"QC七大道具"[①]为代表的统计分析软件是典型。通过分析获取的数据，能够提升"品质维持改善活动"的速度和精度。

而AI对相关事项、原因、措施及对策的分析和提示，是被看好的发展领域，其拥有多种应用场景。比如"将发生的残次问题与整理完成的既有原因进行对照，从而将其归类""从传感器中提取相关数据，从而判明残次问题所产生的副作用在何时何处发生""在发生残次问题时，迅速搜索以前的文件数据，获取相关信息，或者浏览其他知识体系，从而获得解决问题的头绪和线索"等。AI将来还能从记录作业过程的图片和影像中自动生成和积累相关基础数据，从而为分析残次原因提供协助。可见，其应用范围在逐渐扩大。（图5-4）

---

① QC七大道具即检查表、图表、帕累托图、特性要因图、矩形图、管理图和散布图。——译者注

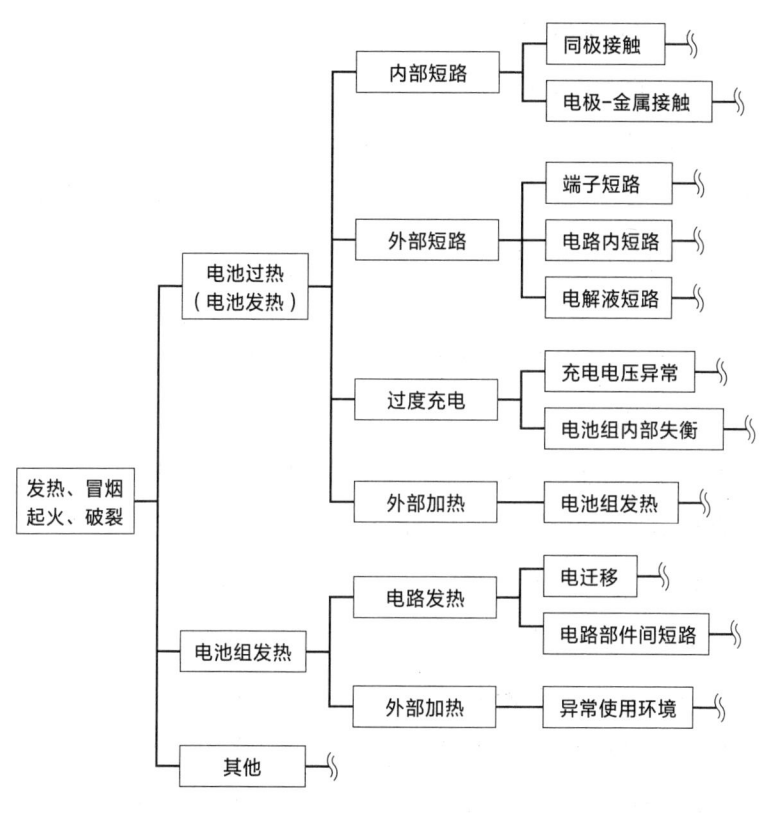

```
                          ┌─ 内部短路 ─┬─ 同极接触
                          │           └─ 电极-金属接触
                          │
                          │           ┌─ 端子短路
              ┌─ 电池过热 ─┼─ 外部短路 ─┼─ 电路内短路
              │ (电池发热) │           └─ 电解液短路
              │           │
              │           ├─ 过度充电 ─┬─ 充电电压异常
发热、冒烟 ────┤           │           └─ 电池组内部失衡
起火、破裂    │           └─ 外部加热 ── 电池组发热
              │
              │           ┌─ 电路发热 ─┬─ 电迁移
              ├─ 电池组发热┤           └─ 电路部件间短路
              │           └─ 外部加热 ── 异常使用环境
              │
              └─ 其他
```

图 5-4 故障分析事例

实物与信息一致

物件管理的理想形态是做到"实物与信息一致"。但在以前，该目标往往难以实现，有时连盘存和库存的准确度都不高。针对

该问题，提供突破性解决方案的是利用条码标签的 RFID（Radio Frequency Identification，无线射频识别技术）。

RFID 基于嵌入了 ID 信息的 RFID 标签，通过无线信号，实现信息交换。IC 标签和 IC 卡片也属于 RFID 范畴。再加上 RFID 兼具信息读写功能，因此比传统条码更具优势。

在工厂管理中，有的将 RFID 标签附于产品和部件本身，有的将 RFID 标签附于货盘和部件箱。无论哪种，都是为了把握和追踪物件路径、收集生产业绩，以及管理库存等。在以前，这些功能通过传统条码和扫码枪亦可实现，但 RFID 实现了自动读取和批量读取，从而减轻了人工作业的负担。且由于做到了"实物与信息一致"，因此也抑制了人工操作时的出错概率，最终显著提升了生产管理数据的精度。

RFID 还有诸多应用场景，比如"在通过既定位置后，发出相应工段所需部件的准备和拣货指示""辅助仓库的先进先出管理""实现按目的地分类的自动分拣""对于能像自动驾驶汽车那样在厂内自主移动的产品，通过读取其位置信息来实现定位管理"等，它们对厂内物流的高效化贡献颇大。而这些合理化的知识体系最终能够走出工厂，应用于整个物流系统。

此外，RFID 在设备领域的应用事例亦不少。比如利用 ID 信息的产品作业指示、对 FMS（Flexible Manufacture System，柔性制造系统）设备的加工指示和统筹安排指示等。就连前面提到的可追溯性（traceability）机制，RFID 亦对其有巨大的推进作用，且相关应用前景广阔。

厂内物流机器的进化

工厂有许多搬运场景。以工段和流水线为例,既有人工搬运,也有机器人和传送带等机器设备的自动搬运;既有使用流水线和工段间物流台车、拖车和叉车的厂房内搬运,也有涉及其他厂房工段的厂房间搬运;如果厂房之间隔着通道,则还要包括通道搬运。

由于IoT的发展进化,如今的物流领域处于重大改革期。一系列面向未来的物流实验正在进行,比如构建大规模物流中心、扩大共同运输、使用无人机和飞行器等。尤其是厂内物流,只要满足公司内部的安全基准即可实施,相关制约比社会上要小得多,故可谓较为理想的先行试点。

以用于物料搬运(Material Handling)的物料搬运机器人为例,其在物流改善活动中一直作为"试错项目"发展至今。在初期,它只能按照事先定好的顺序拿取排列整齐的物料;如今,由于安装了视觉传感器,它已进化到能够在随机放置的部件箱中自如地拿取物料。至于在厂内移动的无人搬运车,早在数十年前就实现了自动驾驶。

可以说,诸如"发现障碍物后自动停止"等最尖端的自动驾驶所需的底层技术,有些已经在厂内物流领域率先问世和实现。

再如大家熟悉的 POS（Point of Sales，端点销售）系统，其亦源于工厂——通过在部件箱贴上条码标签，收集仓库出入库和工厂收发货的实际业绩。此外，像大型自动仓库和自动货物分拣系统，最早也都是以工厂内部部件库存为试验"先驱"，通过反复试错，逐步发展而来。

然而，这样的物流自动化在应对产量变动、产品形状变更、部件种类增加等"变数"时，一度很难体现出足够的灵活性，且其实际投资效果常常不尽如人意。这样的苦涩体会，想必不少业内人士都曾有过。但在当今社会，物流变革正在发生，且机遇巨大。与 AI 相同，现如今，数字技术的大幅进化已经能够支撑和实现如此大的变革了。

综上所述，如今是各企业改革厂内物流的好时候，且其前景今后会愈发光明。准确预判投资效果的确是大前提，但还是应该积极大胆地尝试。

5-5 智能工厂的设备管理

设备损失分析

在提高设备运转率方面,利用 IoT 的"设备损失(loss)降低法"和"运转状况分析"在业内被看好。设备存在"七大损失",它们是故障损失、调整损失、换模具损失、启动空转损失、暂停损失、减速损失和质量缺陷返工损失。(图 5-5)

为了改善它们,利用数字技术,收集和分析与各种损失相关的详细信息。不少企业已经在采取该措施。

就拿一线员工最叫苦的"设备暂停"为例,这种设备停止状况发生频率高,持续时间短。比如工段之间的传送带,经常会被加工件卡住而暂停,原因则不明。对加工件的毛刺等加工残留物进行调查后,发现其在设计规定的误差范围内,因此并无问题。

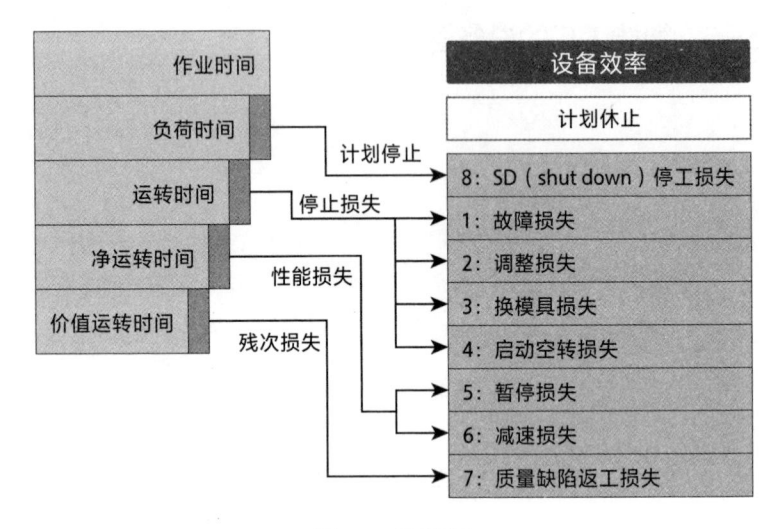

```
作业时间
  负荷时间           计划停止         设备效率
    运转时间          停止损失         计划休止
      净运转时间       性能损失       8：SD（shut down）停工损失
        价值运转时间   残次损失       1：故障损失
                                    2：调整损失
                                    3：换模具损失
                                    4：启动空转损失
                                    5：暂停损失
                                    6：减速损失
                                    7：质量缺陷返工损失
```

图 5-5　设备损失

在对此一筹莫展之际，好在之前对使用止规[①]的检查工序进行了全数计量，且存储了相关数据。于是对毛刺等加工残留物的数据进行调查，结果发现，即便是符合规定的毛刺，如果太过接近上限，加工件就有很大概率卡住传送带。可见，要解决该问题，就要提升作业精度，减少毛刺等加工残留物的偏差。可以想象，该企业自然会对此开展改善活动。

除此之外，像能源损失、铸具夹具损失、成品率损失等与成本单位管理相关的损失，将来也能通过详细的数据收集和分析来获得改善。

---

① NO-GO Gaug，止规是测量合格品的度量器，一般用来测量孔径，若加工件能通过止规，说明孔径太大，不合格。——译者注

故障预知

基于 AI 的故障预知机器人已经开始投入应用。其以一气呵成的方式，实现了监控、预测、分析、判断机器状态和实施对策这一系列流程的自动化，从而替代了人工作业。该技术领域在过去也反复经历了不少试错，如今得益于 AI 的进化，其变得前景广阔。

比如利用振动传感器预测工具破损，起初只是对传感器提供的信息设定门槛值，一旦超过门槛值，就设定检测或交换的行动指令，可谓"聊胜于无"的程度。但实际上，工具破损往往是突然的外力所致，外力的来源包括材料、电流过载、设备运作异常等，可谓多种多样。要想采取有效防范措施（Counter-measure），就要靠 AI。关于 AI 的深度学习能力，前面已做过说明，此处不再赘述。笔者在这里想强调的是，AI 把原先的试错和试验提高到了一个全新的维度和阶段。

MP 设计

比减少设备损失和预知故障更为重要的是"杜绝损失和故障"，这种防患于未然的措施被称为 MP（Maintenance Prevention，维护预防）设计[1]。

一般认为，产品品质和成本的优劣，80%取决于产品设计。而在企划和设计新产品时，则需基于现有产品的市场评价。不仅是设计产品，在设计设备时亦是如此。在产生制造现场开展的"减少设备损失活动"中，会产生不少改善事例和对策事例。如何把这些对策经验体现在新设备的设计中，便是MP设计的重要职责。比如"把原先无法用肉眼检查的部位换成透明外壳""在容易出故障的部位设置传感器""把耐久性不足的夹具部位换成坚固材质"等，这些都是基于反馈和对策的设计改良典型。

这些相关数据加上设备安全层面的数据，便构成了"揭示现实异常和故障的数据"，它们作为MP的维护数据被存储起来，还能用于设备CAD，其与产品设计CAD中的设计图同级。在相关领域推进较快的企业里，对于设计好的图纸，相关数据会自动分析，并在必要时告警。

数字技术做出贡献的另一个领域则是CAE和CAM。比如在铸造中，通过对凝固工艺的模拟，制订最为合理的铸造方案和模具形状。再如在机械加工中，通过工具模拟（Tooling Simulation），将最为合理的方法输入至NC（数控）机床程序，实施加工生产。

现如今，独立自制设备的企业日益减少。常见的模式是——

---

[1] 亦称"可维修性设计"。——译者注

首先在公司内部实现生产制造和生产技术部门的联动协作，构建相应的项目机制，在交流磋商各自的想法后，再与外部的设备制造商协作。在这样的设备开发并行工程中，MP设计可谓重要的一环。

工序设计

工序设计的焦点在于如何提升整个工序的效率。"用哪些设备""如何组合它们"才能构建产能高效的工序，这是展示生产技术部门业务水平之处。工序形态多样，包括异序作业（Job Shop）方式、流水线方式、细胞式等，但设计工序时的关键点是相通的——充分考虑产品特性及供应链的要求和制约，从而达到安全标准和QCD（质量、成本、交货）管理要求。如果再将生产前提条件考虑在内，则工序形态一般可分类如下。（图5-6）

以同序作业和异序作业为例，二者特征及区别如下。

同序作业是按照加工顺序设置所需生产设备的方式。数条流水线有各自的专用设备，产品从第一道工序到最后一道工序，几乎以一条直线的形态按序"流动"。但设备产能必须满足产品要求的最大产能。

与之相对，异序作业对功能相同的生产设备"先归总，后配置"，因此减少了设备投资费用。再加上类似设备都被归总在生产车间的同一处，依靠人数有限的操作员（specialist）亦能完成整个工厂的生产作业。

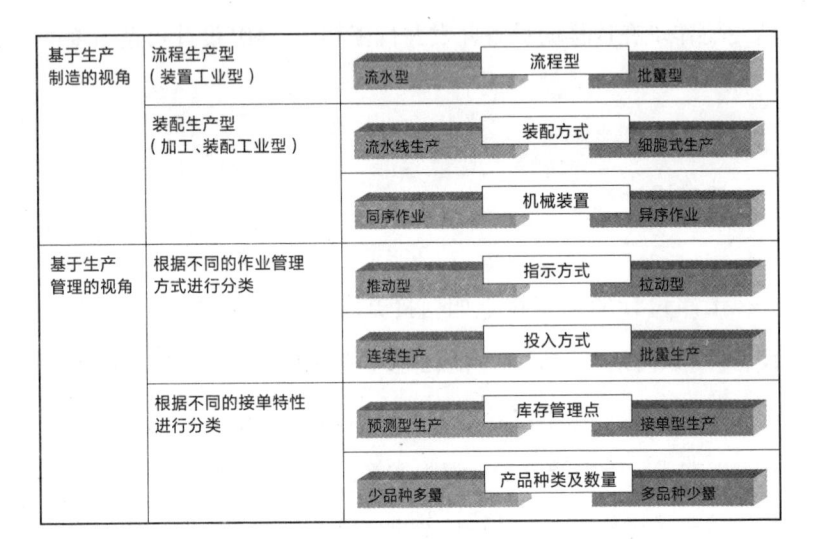

基于生产制造的视角	流程生产型（装置工业型）	流水型 — 流程型 — 批量型
	装配生产型（加工、装配工业型）	流水线生产 — 装配方式 — 细胞式生产
		同序作业 — 机械装置 — 异序作业
基于生产管理的视角	根据不同的作业管理方式进行分类	推动型 — 指示方式 — 拉动型
		连续生产 — 投入方式 — 批量生产
	根据不同的接单特性进行分类	预测型生产 — 库存管理点 — 接单型生产
		少品种多量 — 产品种类及数量 — 多品种少量

图 5-6　工序形态分类

介于二者之间的生产方式则是细胞生产方式。在被称为"摊位"的作业点，配置 1 名或数名熟练工，所有作业工序都在其中完成，是适应多品种少量生产的方式。

再说流程型生产方式，其依靠装置，对原材料进行化学、物理处理，最终制成产品。制铁、制药，以及酒类和各种饮料是其典型。其中用到的设备被称为工业装置，往往需要高额投资，因此"提高运转率"和"降低设备费率"是重要课题。

可见，面对各种条件，应该如何设计工序，是一个需要"具体情况具体分析"的课题。近年来，随着模拟软件的发展，已经能够在电脑上设计工序，然后进行虚拟生产运作。这在优化设备分布配置和精简设备数量等方面颇为有效。

5-6　次世代智能工厂 2030

基础生产系统

如今，不少企业都以生产方式或生产系统之名，归纳整理自家的生产理念和体系。以丰田生产方式（Toyota Production System，TPS）为代表的精益化生产系统（Lean Production System）已较为普及。在推广至全世界后，这股改革风潮迅速刮起。

在运营生产系统时，各企业往往会加入自家的特色。但要注意的是，由于集自家的"造物价值观"和"经验知识"于一体，因此生产系统可谓企业的"运营圣经"。可见，若能明确它，则效果显著。尤其对在全球范围内拓展业务的制造型企业而言，生产系统是对不同员工（worker）提供共通思维方式和业务知识的载体，在维持和改善生产活动方面亦不可或缺。此外，在全球范围内实施管理和确定规章时，生产系统亦起着重要作用。

丰田生产方式的目的明确，即"杜绝浪费""重视品质"。其明确了"自动化"和"JIT"（Just in Time，实时生产）等改善的着眼点，并兼具"看板"和"标准化作业"等方法论。（图5-7）

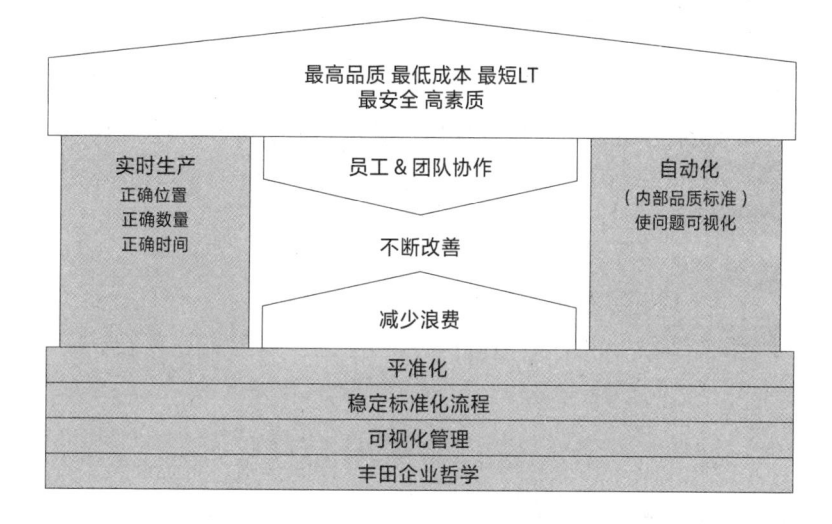

```
                  最高品质 最低成本 最短LT
                      最安全 高素质

   实时生产          员工 & 团队协作         自动化
   正确位置                                （内部品质标准）
   正确数量             不断改善            使问题可视化
   正确时间
                         减少浪费

                         平准化
                     稳定标准化流程
                       可视化管理
                      丰田企业哲学
```

图5-7 丰田生产方式概念介绍

［出处：THE TOYOTA WAY by Jeffrey K. Linker（McGraw-Hill）］

在此基础上，加上诸如TPM（Total Productive Maintenance，全面生产维护）及TQC（Total Quality Control，全面质量控制）等手段，以及从TQC发展而来的TQM（Total Quality Management，全面质量管理）这种针对目标和方针的工厂管理手段。在现实中，的确存在类似案例。

可见，在构建IT系统之前，该生产方式把"树立价值观"作为首要工作。同理，在"确立生产系统概念"的基础上，才能思考应用数字技术和设计 ICT（Information and Communication Technology，信息通信技术）系统。

比如在装配工序中，将作业编成考虑在内的投入顺序计划；又如在加工工序中，将安排时间考虑在内的合理批量计划；以及基于平准化的原材料、部件投入实行计划等。在调度系统（Scheduling System）中执行这些计划决策时，都与"杜绝浪费"紧密相关。此外，在输入生产业绩时，要同时输入不良业绩和故障模型，而这些数据在开展 QC 循环等活动时颇有价值。实际上，从较早之前起，对于该数据的有效利用就已展开。而在设备方面，诸如 FMS（Flexible Manufacture System，柔性制造系统）等，通过加载诸多数字技术，旨在实现"一个流生产"。

由此可见，确立生产方式和系统这样的基础，是企业坚定不移实现效率化的关键所在。

智能工厂的必要条件

对于智能工厂的定义，被引用最多的是德国倡导的工业 4.0（Industry 4.0）概念中对工厂具体形态的阐述。但需要注意的是，并非"把各种东西互联"便可一蹴而就了。对此，让我们来思考一下。

毫无疑问，要想在工厂中切实运转 PDCA 循环，构建能够支持业务的数字化系统是关键，且其重要性日益增加。若对这种智能工厂系统的必要条件进行整理，则可归纳为以下两点。

・建立机制，使工厂内外的必要数据得以呈现
・合理处理数据的认知性（cognitive）计算

在高维度实现和实行上述两点，便能将工厂运营系统的"自主性"推至较高水准，而这种形态便是智能工厂。（图5-8）

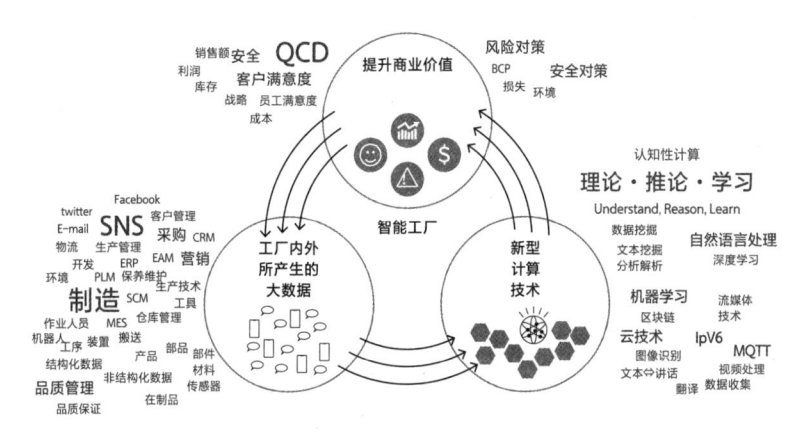

图5-8 智能工厂的信息系统

谈到智能工厂，"自主"便是一个重要的关键词。在智能工厂中，设备的原点是"能够自主运作"。但这也并非最近兴起的技术，以加工设备和热处理炉为例，前者基于后置处理仪表和前置处理仪表，自动调整加工量；后者根据实际温度，自动

控制燃烧；这些技术从几十年前就开始应用。之后，加上 FA（Factory Automation，工厂自动化）和 CIM（Computer Integrated Manufacturing，计算机集成制造），出现了"工厂智能化"之类的概念，"工厂自主自动化"由此得以推进。且以此为契机，使得相关技术大幅进步。但直至今日，不少应用场景依然限于"局部匹配""顾及部分"的程度。

"自主化"并非最终目的。实现自主化，就等于可以将相关作业全权交给系统去处理。通过这样的自主化积累和推进，便能提升相关作业的效率和质量。若这种自主化作业的比重不断增加，最终便能以此为基础，实现工厂整体 SQCDE（安全、质量、成本、交货、环境）的提升。

可见，实现工厂的智能化，是为了扩大上述自主功能，从而提升工厂的整体效率。其重要的行动方针在于，不可只是单纯技术性的自我满足，而要坚持和深入推进，直至获得实质性成果。

智能工厂的当前水平

在推进工厂"自主化"时，若能清楚自身目前所处的位置（Level，等级），便能客观明确现实与理想之间的差距。为此，且以自动驾驶等级的划分方式为参考，对智能工厂的自主化程度进行分级。具体级别数字或有差异，且以下述划分方式为参考。

Level 0：由人做出所有判断

Level 1：自主性系统对人的判断操作予以辅助

Level 2：平时由自主性系统做出判断，在出现异常时由人做出判断

Level 3：即便在出现异常时，依然由自主性系统做出判断和处理

以本书阐述的典型——"现代装配型工厂"为对象，试着评估其自主化程度。先看其工程链，在基于 CAD 的部件设计方面，在设计图完备的前提下，能够对设计的新部件进行自动检查，一旦有"部件间影响干涉"或"形状违规"等情况，便会自动告警，因此可谓达到了 Level 1 水准。再看其供应链，应用 AI 的调度作业领域存在已达到 Level 1 和 Level 2 的部分，而在厂内物流的相关机器设备中，通过添加图像处理功能，好比给了它们一双眼睛，从而扩展了它们自主作业的范围。至于设备控制领域，基于 PLC（Programmable Logic Controller，可编程逻辑控制器）网络的控制技术，大多对应 Level 2 水准。

由此可见，即便是发展较为先进的领域，几乎也依然处于 Level 1、Level 2 水准，且仍限于"局部匹配""顾及部分"的程度。要想实现高自主性的智能工厂，依然路漫漫其修远兮。

上述可谓对"深度"的评判，还有一个评判维度则是"广度"。从部分上来看，各种形式和规模的自主化的确在推进，但

实现全工厂无人化的装配型产业仍未出现。即便不搞自主化，也能通过自动化来达到无人化和省人化，因此许多企业工厂的自动化率要远远高于自主化率。这也导致了体现工厂智能化程度的"自主化水准"普遍处于初级阶段。

在进行相应的改善活动时，在推进现有业务和作业的自主化时，务必要灵活利用数字技术。首先要精简既有业务和作业的规则及方法等，对于精简后留下来的业务和作业内容，则应凭借数字技术，实现它们的自动化或自主化转型。若不遵守该原则，就会耗费高额投资。

基于现实技术动向和经营需求，智能工厂应具备的先进功能可归纳为"可视化""智能化"和"自动化"。而作为支撑这3大功能的关键数字技术，则包括IoT、传感器、AI、大数据、机器人和RPA。

第 6 章
全球化制造业的地域战略

6-1 落后于全球化信息革命的制造业

2015年，时值泰国劳动部访问团访日前的接待准备阶段。当时，泰国政府要求日本政府和企业"介绍工业4.0的相关知识和经验"，可没有一个日本政府部门和企业接受这个任务。对泰国等东南亚国家而言，凡在经济和产业领域出现了新的国际潮流，第一个想到的是找"日本前辈"学习。对日本而言，这是值得感激和自豪的，曾经作为制造业领军国的日本，一直是东南亚各国学习的榜样。

但从21世纪第二个十年的中叶起，世界掀起了前所未有的"数字化革命"，而日本在国际社会中所处的位置正在发生变化。对于世界潮流，日本内部的认识和理解不足。不仅如此，在笔者看来，甚至与亚洲其他各国相比，日本的应对速度都更为迟缓。

经常被拿来做比较的是"去现金化"。中国、泰国和印度等国在快速推进去现金化。最近，来自亚洲各国的留学生，对日本最为惊讶的一点是"出门居然还不得不带现金"。如今，日本总算也开始讨论推进去现金化了，可推进速度依然缓慢。本章开头提到的泰国政府的访问要求亦是如此，对于工业4.0，其实日本自身都未予以重视，又如何教他国。更为本质的问题是，不少日企对工业4.0理解有误，以为工业4.0也好，IoT（Internet of Things，物联网）也好，不过是以现有生产现场为前提来"利用IT，提高产能"的单纯改善活动。在日本，许多企业已通过"看板方式"提升了产效和产能。或许正因为如此，它们将工业4.0误解为单纯的"IT技术导入"或"IT化改善活动"。

一个较为易懂的相关事例是"精密农业领域"。如今，日本全国在轰轰烈烈地推进所谓"使用无人机和自动驾驶农机来推进农业变革"的运动。可日本耕地有限，即便导入所谓"智能农业"之类的IoT技术，若将设备导入成本和运转成本与自动驾驶等削减的人员费用进行折算，提升的产能和效率不过数个百分点。换言之，投入和效果不成比例，再考虑到日新月异的技术进步，今后的设备更新成本亦非同小可。

鉴于此，不如将主体从"人"换成"IT"如何？纵观历史，人类先是靠人力农耕，后来通过使用牛马进行农耕，不但改变了农业，还不知不觉地改变了耕地的形状和形态。同理，以"IT"为主体的农业，势必与"人"为主体的农业有所不同。

以笔者目前在提供建议和支持的"次世代人工养蚕项目"为例。在东南亚国家老挝的一处名为巴松（Paksong）的地方（其土地面积是日本熊本县东北部城市阿苏的火山口地区耕地的2倍），开辟了100公顷的大规模种桑地，其种植几乎全程无人化，可谓验证精密农业的试点。老挝的国土面积大约是日本的60%，但人口只有650万左右。因此能够在广阔的直线型农场实践精密农业，并以IT的视角来管理农业。通过最大限度利用传感器测量和自动驾驶，使高效率、高品质的大规模农业生产成为可能。这种项目率先在泰国、越南、澳大利亚和印度尼西亚等国开展，将来计划在印度和非洲各国铺开。（表6-1）

表6-1 以数字化革命为前提的精密农业以及之前的研究发展

两种研究角度的差异	之前的研究发展	今后的研究发展
追求种桑的高效率 （根本性的产能提升）	依存于传统养蚕业 努力提升单位土地面积的产能	通过充分应用IoT和AI，全面导入精密农业，实现因地制宜的种桑产业 提升人均产能

在被称为"全球化信息革命"的当下，制造业若想顺应潮流，就需要以"IT"为主轴，建立相应的体系和机制。关键要摒弃"机器代替人"这种固有想法。以前曾有一家企业打算研究能实现织机自动化的机器人技术，于是向相关自治团体咨询，得到的提案是"开发能操作织机的人形机器人"。显然，这是拘泥于"机器代替人"而得出的答案。笔者坚信，摸索"如何打破这种固有思维"，是找到全球化制造业"信息革命之路"的第一步。

换言之，今后的课题不再是"通过导入IT来提升产能"，而是"构建以IT为主体的生产系统"。8年前，笔者造访了生产全世界最廉价乘用车"NANO"的印度塔塔汽车（Tata Motors

Limited）工厂，那里的全自动化程度之高令人吃惊。比如油漆电镀全部实现了机械化。虽然印度劳动力成本较低，但塔塔依然坚决推进机械化，而不依赖廉价人工，这令笔者印象深刻。要知道，直到2015年，在许多日企的海外工厂，依然可见依赖廉价劳动力的密集型产业布局。记得在参观一家日企的新工厂时，同行的专家们一致叹息道："（管理者）不懂何为数字革命。"

反之，若企业能理解相关状况，则能被世界广泛接纳。比如成功进入泰国市场的LEXER RESEARCH公司，其通过应用模拟软件，将之前手动实践的"改善活动"数字化，使其能够在虚拟现实中模拟演练。以工厂布置和设备排列为例，通过软件模拟，找出最为合理的形态和方案，然后再在现实世界中落实。LEXER RESEARCH的这套解决方案大获好评，其还与被称为"泰国斯坦福"的泰国国立法政大学（Thammasat University）联手，共同推进相关业务。LEXER RESEARCH可谓打破了"日本制造"的传统桎梏，推进了数字化的"智能制造业"，也等于是把日本制造业管理的代表性手段"改善"本身进行了改善。这种创意思维，正可谓数字革命的真意。

数字时代的海外战略

应如何理解数字时代的海外战略？从本书的3大关键词——"简明""快速""合作"出发，可衍生出以下3点。

第一，与"简明"视点相关的概念是"地缘政治学"。即便讲"日本制造业的全球化战略"，若着眼全球，均等视之，则它还不足以称为"战略"。若想基于地域特性制订战略，则"筛选"和"专注"必不可少（具体请参看本书6-2节：基于"地缘政治学"的数字时代制造业世界战略）。

第二，若从"快速"视点看问题，则不得不谈到"实现创意"的速度竞争。如今，"初创企业"（Start-up）竞争正在如火如荼地开展。实际上，日本的骨干企业和中小企业在相关领域具备较强实力（具体请参看本书6-3节：从"日本的工厂"转型为"世界的初创企业练武场"）。

第三，至于"合作"，从合作内容——人、物、钱（支援）的观点出发，可划分为3点。首先，"人"作为商业活动的主体，相关合作自然不可或缺。面对2030年将正式迎来的"新协作时代"，如何网罗真正的全球化人才，是一个备受瞩目和展望的课题（具体请参看本书6-4节：网罗全球化人才）。其次，在"物"的协同作业方面，制造业本身的深化和扩大颇具前景。IT不再是指单纯的"Information Technology"（信息技术），而是"Information Transformation"（信息转型）和"Open Innovation"（开源创新）。大企业内的新事业开发部门先前或许由于"项目成功率较低"而脸上无光，但在今后，其借风口"起飞"的概率会大为提高。事实上，诸如"IT+××"的"合作系"商业领域已经大为拓展（具体请参看本书6-5节：利用"数字化风口"

的全球化制度构建战略）。最后，在"钱（支援）"方面，到了2030年，需要的是与当下截然不同的应对手段。反言之，若不能理解该现实需要，"日本制造业"将会在全球化制造业的大规模竞争中被边缘化。今后的10年间，面对如今的"数字化革命霸者"——美国GAFA（Google、Apple、Facebook、Amazon.com）企业唯有立志"要成为能与它们对抗的全球化制造业企业"，方能存活下来（具体请参看本书6-6节：如何行动？结果如何？日企海外业务拓展支援活动）。

下面将基于上述3点进行详细阐述。

6-2 基于"地缘政治学"的数字时代制造业世界战略

"地缘政治学"的概念听起来可能较为陌生,其简单来说就是"如何制订海外战略",而其战略的专注点即"新兴亚洲地区"。亚洲地域辽阔,除去已经取得一定发展的东北亚,以及作为未来新开拓地的西亚,基于"新兴"一词的"成长显著之意","新兴亚洲地区"特指东南亚、南亚及其周边地区。根据亚洲开发银行(Asia Development Bank,ADB)的推算,到2050年,世界GDP的一半由中国、印度和ASEAN(东南亚国家联盟)所贡献。可见,21世纪真可谓"亚洲世纪"。我们首先必须理解该地域压倒性的成长速度和经济规模。

新兴亚洲是"综合型制造业"回廊

要意识到,该地域与日本地理位置较近,文化方面也较为接近。冈仓天心[①]所提倡的"亚洲一体化",其核心根据其实并非

[①] 1863年出生,是日本明治维新时期著名的美术家、美术评论家、美术教育家和思想家,可谓日本近代文明启蒙期最重要的人物之一。——译者注

单纯的文化，而是"综合性"。"综合性"的理念源自东京大学藤本隆宏教授所提出的"造物经营学"，简单来说，即把"想要这个和那个"的信息以"实物"形式予以实现的设计思想。如今，"造物"包括以 PC 制造为代表、基于部件标准化的"模块型"和以汽车制造为代表的"结合（integral）型"，而藤本教授指的是后者。"结合型"制造一直是日企的传统强项，相关业务从印度、ASEAN，一路拓展至中国华南省份和中国台湾地区，因此它们可谓"综合型制造业"回廊。可见，基于这种"简明"的视角，可以理解日本制造业为何应该关注新兴亚洲。（图 6-1）

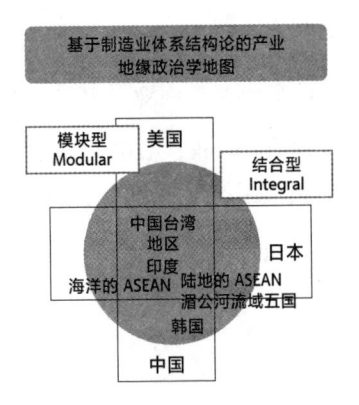

图 6-1　新兴亚洲是"综合型制造业"回廊
（出处：参照藤本隆宏教授的制造业体系结构论资料）

从产业地缘政治学角度看，在通商交流方面，日本政府的开发金融及对外援助政策对日企业务活动范围的拓展起到了积极的促进作用。对全球化企业活动而言，自由贸易协定（Free Trade Agreement，FTA）和经济合作伙伴关系协定（Economic Partnership Agreement，EPA）都是消除关税和非关税壁垒的制度。如今，原本拉动世界经济成长的欧美发达国家却有标榜"市场保护主义"的趋势，在这样的大环境下，新兴亚洲则依然是日本重要的投资据点。诸如环太平洋战略经济伙伴关系协定（Trans Pacific Partnership，TPP）和区域全面经济伙伴关系协定（Regional Comprehensive Economic Partnership，RCEP）等统合日本和近邻伙伴的经济共同体，都对日企的发展大有裨益。

此外，以政府开发援助（Official Development Assistance，ODA）等为代表的政府开发金融战略，也推进了新兴亚洲等地区的基建。对进驻相关地区和国家的日企而言，这种物流、流通等基础配套设施及服务的完善，实质上降低了它们的交易成本（Transaction Costs），改善了它们的营商环境。纵观趋于扁平化的新兴亚洲市场，不管是中国的"一带一路"还是印度的"南亚区域合作联盟"（South Asian Association for Regional Cooperation，SAARC）等，其都旨在实现市场经济统合。如此一来，对日企而言，相关经济活动只会变得更为顺畅。

通过这种从"硬件软件两方面入手"扫除经济活动障碍的措施，新兴亚洲的营商环境愈发变得对日企有利。而所谓产业地缘政治学，正是支持如此深入新兴亚洲的理念。先前，亚洲地区广受欧美全球化战略的影响，而今后数年，这些西方先进国会回归贸易保护主义，从而趋于退回国内，因此其对新兴亚洲的影响也势必会削弱。像中美贸易摩擦、非居住印度人（Non-residential Indian，NRI）[①]离美返印等，都是上述趋势的结果。基于亚洲、造福亚洲的新兴亚洲秩序的正式形成，应该会在 2030 年逐步实现。而诸如中国的海外投资政策以及印度全球影响力的日益扩大，都是该现象的前兆。今后 10 年间，亚洲会从"日本的工厂"转型为一种截然不同的全新形态，日本和日企能否跟上这种结构转型，到了 2030 年，日本制造业不得不面对该大考。而各日企真正的价值也会从中体现出来。

最后的开拓地——非洲

非洲作为"最后的开拓地"，亦应予以关注，但具体如何参与其中，则是需要思考的关键问题。若套用之前那种"点"和"线"的海外业务拓展方式，投资非洲恐怕难以成功。虽然日本是东京非洲发展国际会议（Tokyo International Conference on African Development，TICAD）的主导国，但若仅凭与非洲直接对话，由于地理、文化和社会层面的巨大差异，很难切实了解和把握非洲市场。鉴于此，反倒是"间接对话战略"更为有效。比如，从很久以前起，印度就有大量移民迁往中东和非洲地

[①] 按照印度法律，如果一个印度公民一年离开印度超过 180 天，即可在税务和法律上被视为"非居住印度人"。由于印度承认双重国籍，因此许多"非居住印度人"大多持有他国国籍。——译者注

区,"印侨"在当地的关系网不断扩大。其结果导致这些地区的实业拥有者和资本家虽然是阿拉伯人和各国的民族资本家,但身为"总管老板"的经营负责人却多为印度人。因此,不少生意都是通过和这些印度人商谈而敲定的。换言之,通过加强与印度之间的合作关系,经由阿拉伯海指向中东和非洲,实现跨越"点""线"而直达"面"的海外业务拓展。

纵观之前日本与印度、日本与泰国以及日本与越南等国的关系可知,日企一直在实施"直通型"全球化战略。但今后,"迂回型"全球化战略的必要性会日益显现。比如拥有全球最大规模食品加工公司的泰国正大集团（Charoen Phokphan）,其与中国的中信集团合作,进入中国的零售和流通市场。而促成该合作的真正"功臣"其实是日本伊藤忠商事。到了 21 世纪 30 年代,这种横跨亚洲的"迂回型"战略,这种真正的跨国型（transnational）战略,应该会逐渐成为主流。在那一天到来之前,日企必须做好拥抱这种"迂回型"战略的准备。是否准备充分,是决定日企未来命运的关键。

6-3　从"日本的工厂"转型为"世界的初创企业练武场"

到了2030年，对于新兴亚洲，若日本依然采用现在的方式打交道，是否还能"岁月静好"呢？事实上，日本面对的状况已不再单纯，必须把握复杂的现实。日本应该着眼的新兴亚洲，其实正在面临重大的结构转型。之前的新兴亚洲得益于1985年的"广场协议"[①]，受"广场协议"的影响，当时日元大幅升值，于是日本的大企业纷纷转移至新兴亚洲地区，而承接大企业业务的外包企业也随之大举跟进，使新兴亚洲地区成了"日本的工厂"。换言之，虽说是海外业务拓展，但其实依然以日本国内的商业合作关系和企业连带关系为前提。在技术和经营方面，日企并不信赖当地的本土企业，而是坚持与日系企业展开合作。

但这种思维和处事方式在2011年发生了转变。东日本大地震和泰国水灾的发生，一时间使得日本的全球化供应链陷入瘫

---

① "广场协议"（Plaza Accord）是美国以减少对外贸易逆差为目的的协议，在该协议生效后，美元大幅贬值，从而增加了美国产品的出口竞争力，但对依赖出口的日本经济造成了巨大打击。——译者注

痪。鉴于此，日本大企业开始推进"当地本土企业生产"，结果使一众本土企业到达了一定的技术水准，使日企不得不对它们刮目相看。如今，在技术方面，与承接日本大企业外包业务的日企相比，日益崛起的当地本土企业与前者之间的差距在逐渐缩小。

此外，也是在2011年前后，泰国的人均年收入已突破5500美元，意味着泰国已迈入中等国家阶段，不再拥有廉价劳动力优势，从而不得不依靠技术导入等创新活动来维持增长。换言之，之前凭借廉价劳动力而获得的"日本的工厂"头衔已成历史。而这也加速了新兴亚洲地区实现结构转型的进程。当时泰国水灾刚过去不久，泰国政府便毅然决定提高法定最低工资标准。对此，当时有人指出，此举可能会抑制日企在泰国投资建厂的热情，可泰国政府经济阁僚的回答是"求之不得"。可见，对于以廉价劳动力为前提的外来产业投资，泰国政府不但不欢迎，甚至是一副"刻意逐出"的姿态。就像当年的新加坡一样，类似的情况，新兴亚洲各国皆在逐个发生。到了2030年，劳动密集型产业想必会被彻底逐出该地区。人均收入既然上涨，这些原先的生产据点就会变成前景巨大的市场。仅从该意义层面出发，也能得知"重新审视新兴亚洲"的必要性，因此大幅转变战略可谓大势所趋。

需要尽量及时实现战略转变的另一个原因在于，之前以"外包型海外业务拓展"为前提的中小企业投资模式及其支援体制存在问题。在日本，不少地方公共团体热衷于支持当地中小企业进军海外，但这些日企一旦进军海外，其与早已进军海外的同类日企之间就形成了严重的"内卷效应"——既然新兴亚洲是"日本的工厂",那么大家的目的都是去争日本大企业的外包订单,这种进军模式不断加速,就会陷入"互比便宜"的恶性价格竞争。这便是"海外业务拓展支援悖论"的体现。

日本必须对这种状况予以重视。最近,笔者每次去新兴亚洲国家出差公干,无论哪个国家的产业界、政府、学术界领导,都在着力强调"支持初创企业"。换言之,新兴亚洲各国已然迈入"创造新事业"的大竞争时代。若一直在日本,则很难拥有这样的意识。如今,新兴亚洲各国的政府纷纷推进"去现金化",完善全国范围的IT和IoT基础,旨在转型为"创新主导型经济"模式。这些国家之前依靠日企的海外直接投资(Foreign Direct Investment,FDI),通过技术转移,实现了经济发展,创造了大量就业岗位。而如今,这种海外直接投资已不再是"金蛋"。而到了2030年,拉动这些国家经济发展的反而会是日本不太擅长的创新领域,以及孵化出这些创新的年轻初创企业。

日本逐步迈入深度老龄社会,丧失往日活力,落后于世界潮流。至于新兴亚洲各国,则在逐步迈入中等国家阶段的同时,为了避免陷入"中等收入陷阱"而拼命使出浑身解数。鉴于此,或许终有一天,它们会彻底抛弃"日本的工厂"这一角色。

有一种理论认为,日本可以尝试凭借"全球课题先进国"的身份引领世界潮流。但正如本书所述,不管是IT的全球化战略,还是国际知识财产战略,与他国相比,日本很难说有什么独特的智慧和优势。"长自家志气"的鼓舞方式自然不坏，但若不能客观审视自己的"斤两"，则有井底之蛙、夜郎自大之虞。面对2030年，日本如何在与他国的竞争中胜出？日企怎样才能生存下来？对于日企的2030年目标，笔者有如下3个具体提案。

提案1：天生全球化（Born Global）企业

有别于之前那种"国内成功后进军海外"的模式，而是从海外市场创业，或者在开拓新业务初期便着眼于"对外出口"和"海外市场"，可谓"从零开始的海外业务"。不少人可能会怀疑其可行性，但在国际经营学领域，这种被称为"天生全球化"（Born Global）或"重生全球化"（Born Again Global）的企业，正在成为备受瞩目的焦点。

所谓"天生全球化企业"，便是指上述"从零开始海外业务"的企业，即打"出生"起，它们便志在海外。这类企业多为中小规模。早在20世纪90年代，澳大利亚便开始涌现这样的案例。当时，有不少澳大利亚企业在创立3年内便开始推进包括出口在内的海外业务，其出口比例曾占全部澳企的1/4，出口总额曾占全体澳企的将近20%。这与传统的"深耕国内，渐进海外"模式不同，是日企今后进军海外时值得参考的对象。

其实在日本，也有类似的成功案例。比如北陆的"八番拉面"拉面连锁，其在东京和大阪都还没有店铺，却突然跑去泰国曼谷开店。如今，其已成为深受泰国人喜爱的餐饮品牌。又如以

"水上漂电动汽车"起家的FOMM公司，它不把产品放在日本国内生产，而是选择泰国作为其首个生产基地。像这种在新兴亚洲地区成功创业或成功二次创业的日企，以后会越来越多。

对日本制造业而言，这种"从零开始海外业务"的模式，可谓开拓未来潜力的希望所在。能否不拘泥于萎缩的日本国内市场，能否着眼于海外新市场，能否加速企业创新，在2030年到来之前，能否做到这些，将成为日企成败的分水岭。

如今的日本，依然有大批技术独树一帜的骨干企业和中小企业。若能与它们建立合作，与完全"白纸一张"的初创企业单打独斗相比，在拓展海外业务方面，不但相关风险较小，成效也更显著。截至目前，笔者已为将近100个日企海外拓展项目提供咨询帮助。从该经验中，笔者发现，与初创企业相比，具有坚实基础的骨干、中小型企业的"海外二次创业"更容易出成果。

提案2：从"产品主导型"进军模式转型为"市场主导型"进军模式

不管是日本的中小企业还是大企业，今后在开展新业务时，都不能再基于曾在国内取得成功的"产品主导型"（Product Out）理念，而应该基于理解新兴国市场的"市场主导型"（Market In）理念，致力于深入现地调研。为此，需要构建能够理解当地需求和课题的方法。数字时代的全球化业务拓展，正意味着市场主导型时代的来临。随着基于SNS（社交媒体）的数字化市场营销手段的发展，只要组合运用得当，便能源源不断地获取第一手信息。说到这里，可能不少读者脑中会浮现"大数据"概念，其实，"小数据"在这方面更有前景。以 C2C（Consumer to Consumer）的方式贴近消费者感受及提供相关服务时，"直接回收现地信息"的机制必不可少。即便在远离日本的海外市场，若不能确立"收集现地信息"的机制，则企业恐怕难以在 2030 年的全球化竞争中存活。

通过名为"外展作用"（Abduciton）的思维方式提出假说，思考实验，从而激发灵感，催生创新。其有效的具体手段包括"具有日本特色的企划演示大会"，即在初创企业等惯用的演示大会的基础上，加入日本企业的特色和元素，在大会上提出与商业领域课题及需求相关的假说，然后听取市场所在地人们的反应和意见。笔者亦从 2015 年起实施该手段，从实际经验来看，其收效显著。不但能提升对课题和需求的把握程度，还能寻到潜在的合作伙伴。

此外，亦不可忽视"内部国际化"的时代趋势。以长崎大学的项目为例，其与长崎本地企业"Wakatam 株式会社"合作，组织长崎留学生研究会，开展基于留学生的市场测试调研活动。比如，有一家名为"果秀苑森长株式会社"的食品公司，其通过对长崎土特产"长崎蛋糕"（Kasutera）进行改良，推出了名为"半熟长崎蛋糕"的新产品。围绕"如何在泰国推销该产品"的课题，该公司以留学生为对象，展开了市场调研讨论。

首先是"半熟"这一商品名，与日本不同，泰国人一看到"半熟"这个词，脑中浮现的是"肚子会不会吃坏"的恐惧感。鉴于此，该公司决定把计划销往泰国的半熟长崎蛋糕改名，新命名强调"充分烤熟"的感觉。其次，对于诸如巧克力、乳蛋糊、芝麻等口味类型，也通过让留学生试吃来确定泰国人的偏好。甚至对于蛋糕大小，考虑到泰国人的饮食习惯——"每餐量少，但好零食点心，偏向于以'少吃多餐'的方式享用美食"，该公司决定提供独立小包装。产品最终在泰国曼谷最繁华地段的暹罗典范购物中心（Siam Paragon）的食品卖场（地下一层）开卖，结果大受曼谷年轻人好评。可见，通过灵活利用留学生资源，企业能够实施有效的市场测试调研，获知海外市场的文化差异，从而为拓展海外业务创造条件。不仅如此，由上述事例可知，只要手段应用得当，即便在日本国内，企业也依然能够以市场主导型的方式进军海外。

企业在从事类似业务的过程中，其实在面对和解决一个课题——"如何将新概念和新文化引入像饮食这种具有极强保守倾向的日常生活消费领域"，而上述事例提供了重要启示——"在推销新食品时，若能让消费者联想到熟悉的类似食品，则对口味便有了一定预知，从而也更容易接受"。比如，在泰国推销长崎蛋糕的初期，在宣传方面便借用了泰国西部素攀府（Suphanburi）的传统点心"蒸蛋糕"作为参照物。

这种方法被称为"相似度分析"（Similarity Analysis），如今其被数据化,成为一种可利用的全新市场营销手段。它并非基于"大数据",而是基于"小数据",从感性出发,找出需求点,进而解决相关课题。这种思考、探索和发现的过程,可谓企业今后全球化战略的核心所在。到了2030年,全球化市场的门槛想必会进一步降低。换言之,数字化革命的成果在该领域亦能发挥作用。

提案3:试制时代

日本的初创企业其实也有自身的优势——"试制"。如今,"如何尽快将点子化为产品并投入市场"是关键,为此,"试制能力"可谓日本制造业今后的优势所在。

在这方面,日本大可不必效仿美国硅谷。与20世纪80年代败给日本企业而丧失制造业根基的美国不同,直至今日,日本的骨干企业和中小企业依然具有技术活力。骨干企业、中小企业,尤其是地方产业的积累和交汇,既催生了技术力,也积累了大量的经验和知识。

原本满足于承接外包业务的这些企业,一旦着眼全球、释放潜力,则前途不可估量。日本拥有连硅谷都模仿不来的制造业基础。以此为资源的初创企业和二次创业,才是日本的"核心本业"。只要充分发挥日本制造业的固有优势,就不必承担"从0到1"的高创业风险,而能尽量以低风险的方式摸索尝试。

中国深圳背靠被誉为"世界工厂"的广州,可谓具备制造业基础，但其仍限于模块化生产，不比日本那种综合型制造业模式。此外，无论是泰国的东部经济走廊（Eastern Economic Corridor，EEC），还是印度的班加罗尔（Bengaluru），它们虽然被称为"初创企业枢纽"，但缺乏日本那种厚重且拥有多层复合结构的产业积累和交汇。日本要想在全球范围内发挥相关优势，关键便在于"试制"，即"化点子为有形"。

"京都试制网络"可谓其典型，该集团以"万金油（什么都能做出来）"为旗号，确立了24小时全天承接业务的体制。2015年，其在泰国设立驻外机构，标志着进入泰国市场。笔者伴随泰国工业部长阿查卡一行在京都参观学习时，请来"京都试制网络"的相关人员，一起开展交流。以阿查卡部长为首的泰国政府要员基于"依靠创新来拉动经济"的泰国新国策，把"京都试制网络"这样的合作伙伴视为极其重要的帮手。

再看大阪地区，在新大阪和梅田之间的"西中岛谷"正在成为初创企业的"圣地"。面对全球化制造业，此处亦有积极发挥试制技术优势之意。而在长崎，依托佐世保高等专门学校，名为"佐世保谷"的项目正在推进之中。总之，这种以试制为载体的全球化业务拓展，必能超越单纯的"点子"层次，成为带来真正创新的驱动力。

横贯日本各地的骨干型和中小型企业，不但拥有庞大的总体资产规模基础，且在今后的制造业中会扮演愈发重要的"核心技术提供者"角色。由此可见，广大日本的骨干型和中小型企业反而应该大胆转变思维，面对即将到来的"数字化革命"洗礼，凭借自身技术实力，努力成为竞争的主角。对迎接2030年的产业结构拓展而言，此举势在必行。

先前安于承接外包业务的中小企业，若能相互协作，建立新的联系（尤其是横向联系），则正可谓在实践中"开源创新"。当然，以知识财产为核心的协作创新一直在进行中，但放眼未来，唯有基于市场需求、旨在解决世界性课题的"新型结合协作"，才算是2030年的主流创新模式。

换言之，在今后10年间，那些缺乏上述意识和思维的地方性骨干型和中小型企业，乃至不思协作的大企业，恐怕都将在全球化竞争中被淘汰。

其实，上述内容并非单纯的提案，相关的理论推定和假设展望，已然通过若干方法迈入实践及试点阶段。当然，一切依然还在试错中，不可能皆一帆风顺。但笔者确信，通过一系列失败，理论构建会变得更为坚实。举例来说，笔者一直在通过泰国公共法人互助论坛协会（OTAGAI Forum Association）为日本各地的骨干型和中小型企业的海外拓展提供协助。迄今为止，通过与泰国工业部合作，笔者已为将近50个项目提供支持，涉及日本的15家自治团体。（表6-2）

表 6-2　泰国公共法人互助论坛协会的会议举办地

	GDP	人口
日本总体	508,646	127,297,686
埼玉	20,678	7,222,185
千叶	19,811	6,192,323
东京	93,128	13,299,871
富山	4,357	1,076,010
福井	3,127	794,626
山梨	3,130	847,30
爱知	35,448	7,442,874
三重	7,689	1,833,197
京都	9,825	2,617,347
鸟取	1,768	577,647
岛根	2,351	701,995
爱媛	4,777	1,405,192
福冈	18,190	5,089,677
川崎	5,138	1,488,259
协会涵盖总计	229,417	50,588,503
占比	45%	39%

（出处：泰国公共法人互助论坛协会资料）

此外，为了对九州企业的全球化商务拓展提供支持，笔者还在长崎大学通过开展学生长期实习活动，旨在促成各企业的海外项目。该活动名为"长崎 Breakthrough"，通过实践该活动，每年有将近 100 名学生参加企业实习，每年涉及的企业大约有 30 家，且具体成果显著（图 6-2）。"Breakthrough"即"突破力、突破口"之意。众所周知，在德川时代，长崎是日本唯一对外开放的港口，因此当地"进取求新"的民风曾一度盛行。可近年来，由于人口减少和大企业撤退等问题，长崎沦为全日本人口流失最为严重的地区，其经济衰退之势日趋明显。2019年4月，长崎县仅存的一家上市企业"十八银行"（18 BANK）被兼并。至此，日本47个都道府县中，长崎成了唯一一个没有上市企业的县。陷入该状况的核心问题在于，直至今日，长崎的不少企业家依然认为"遵循老方，总有出路"。这种守旧思想或许正是症结所在。

说到"企业家"（entrepreneur），不少人误以为是指创立公司的"起业家"（创业者）。这里引用一下"创新论泰斗"熊彼特（Joseph Schumpeter）的名言［出处：Schumpeter（2016）］，他指出，所谓企业家，其实是"超越惯行轨道，拥有信念，付诸行动，克服阻力的天资者"。换言之，这样的人不会不假思索地墨守成规、重复传统，而是以怀疑的态度看待事物，且不畏困难，志在创造新价值，从而改变社会和世界，哪怕改变的程度极其微小。而"长崎Breakthrough"正是秉承了该理念，希望通过在当下如此保守的长崎"打开突破口"，推广培养未来企业家的项目。参加的学生接受为期1年的工作实习，旨在尝试参与各相关企业的海外业务拓展活动。

长崎Breakthrough——2018年度项目活动事例

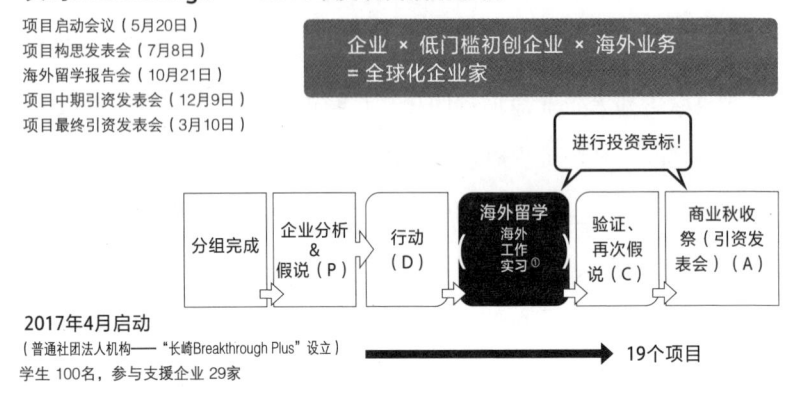

项目启动会议（5月20日）
项目构思发表会（7月8日）
海外留学报告会（10月21日）
项目中期引资发表会（12月9日）
项目最终引资发表会（3月10日）

企业 × 低门槛初创企业 × 海外业务
= 全球化企业家

进行投资竞标！

分组完成 → 企业分析&假说（P）→ 行动（D）→ **海外留学海外工作实习①** → 验证、再次假说（C）→ 商业秋收祭（引资发表会）（A）

2017年4月启动
（普通社团法人机构——"长崎Breakthrough Plus"设立）
学生100名，参与支援企业29家

→ 19个项目

图 6-2　长崎 Breakthrough
（出处：长崎 Breakthrough 项目资料）

"长崎 Breakthrough"的目的是重拾当年凭借"南蛮贸易"而富甲一方的长崎商人们的精神，通过与海外再次协作，让长崎重新走向世界，迈向复兴。具体来说，"长崎 Breakthrough"以每年 4 月为起点，为期 1 年。首先，将参加的学生（包括大学生、高职生和高中生）分组，各组分别构思相关参与企业的海外业务计划，并提出假说；其次，由各组代表前往计划开展业务的对象国留学，从而进行实地验证；在此基础上，各组正式起草商业计划书；最后，在每年 3 月或 12 月举行的"商业秋收祭"上，各组会获得来自支援企业、公共机构、金融机构、专家等团体和个人有形及无形的支持，使商业计划最终成形。

---

① 仅限于参加"TOBITATE"留学促进项目的派遣留学生。

6-4 网罗全球化人才

考虑到10年后的企业海外战略,仅仅"让企业走向海外"还不够。除了放眼海外,"内部国际化"亦是关键。所谓"内部",即"Inbound"(向内集客)。说到"Inbound"这个词,不少人或许首先会联想到旅游业[1],其实制造业最需要"Inbound"。2020年,安倍经济学(Abenomics)所提出的"30万留学生计划"应该能够达成。加上2018年末的《出入国管理及难民认定法》修正,以及如今对外国技能实习生的接纳等,这些都是鉴于目前日本劳动力不足的现实状况而做出的一系列政策转变。

面对劳动力不足的现实,虽说日本推出了上述措施,但在日本国内主流思想中,它们被视为"单纯填补劳动力空洞"的手段。换言之,来自国外的大量人才,仅仅被视为"解决人手不足的劳工",这实在是一种莫大的资源浪费。其实,对于来自国外的劳动者,尤其是留学生,不可仅把他们当作"人才",而应把

---

[1] 在旅游业中,"Inbound"指的是"入境游"。——译者注

他们视为"人财"。

以亚洲为对象的"分铺商业模式"

本多机工株式会社是九州的一家高压泵制造公司。其积极招收来自各国的"人财",在对他们进行一段时期的培训和历练后,鼓励他们回国创业,自己"开分铺(开分公司)"。该公司的龙造寺社长是日本战国大名(诸侯)龙造寺隆信的后代,其基于自身较长的海外生活工作经历,创造了这种独特的商业模式。

对留学生而言,这种"分铺商业模式"等于是让他们"衣锦还乡",因此他们积极性十足。而对日企而言,此举不但能一直确保优秀"人财",而且能把自家产品引入各国市场,再加上核心技术及部件仍由日本总部供应,因此该模式越普及扩大,自家产品的全球市场占有率就越高。

其实,与选择在东京、大阪和名古屋等大城市的留学生不同,那些选择在日本"小地方"大学学习的留学生中,有不少是亚洲各地中小企业的子弟。在笔者的学生中,每年都有几名这种"家族企业的未来接班人"。与希望在日本大城市就业扎根的留学生不同,他们将来要回国继承家业,因此来留学的主要目的是增长见识、扩大商业人脉关系。对日企而言,这些"人财"可谓将来牵线搭桥的不二人选。

说到"人财",自然不得不提"全球化IT'人财'"。目前已然迈入数字化时代,可到了2030年,日本的IT人才缺口将高达

近 80 万。今后,"能否获得高端 IT'人财'"恐怕会成为决定企业生死存亡的关键。(图 6-3)

日本的IT人才市场

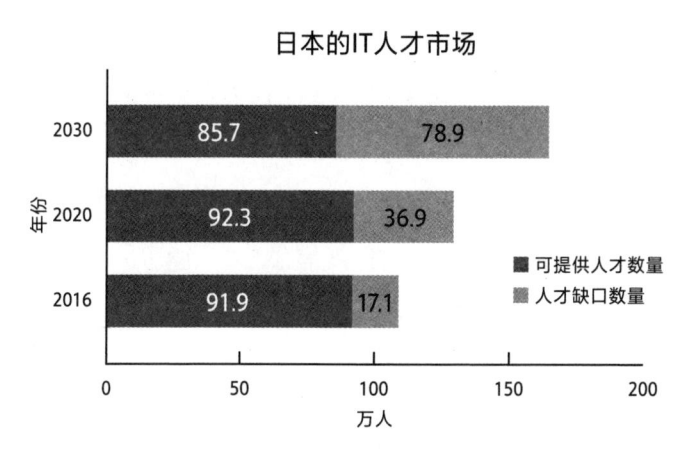

年份	可提供人才数量	人才缺口数量
2030	85.7	78.9
2020	92.3	36.9
2016	91.9	17.1

(单位:万人)

图 6-3 对日本将来 IT 人才缺乏情况的预测
(出处:日本经济产业部调研报告)

网罗印度的 IT 人才

今后,不仅是 IT 企业需要 IT"人财",随着 IoT 和 AI(人工智能)的广泛应用,就连造车业、农业和渔业也需要 IT"人财"的支持。长崎大学基于对该趋势的预测,与"IT 大国"印度合作,旨在设立"'人财'育成机构",为日本用人市场提供高端 IT"人财",计划在 2020 年底前建立新的信息学院系。特朗普执政期间,曾经作为美国初创企业和 IT 业"驱动力"的大量印度高端 IT 人才丧失了用武之地。能否成功网罗他们,将成为日企能否在2030年生存下去的条件之一。

印度IT人才的潜力在于"瞬时俯瞰系统整体的观察力及分析力"。据说有一家日企，在其工作了20年的一名IT技术人员辞了职，结果公司里没有第二个人能整体把握和运营公司内部的信息系统，最后该公司请了印度的IT技术人员帮忙，在短短一周内，其便掌握了系统整体情况，并开出"处方"。此外，基于2018年10月《日印首脑宣言》相关文件中关于"促进日印大学间合作"的倡导，长崎大学与印度信息工业大学（Indian Institute of Information Technology, Design and Manufacturing, IIITDM）甘吉布勒姆（Kanchipuram）分校建立了合作关系，该分校的教授将售价超过100万日元的3D打印机拆解，并将所有部件"通用件"化后，以3万日元的成本成功造出了功能相同的打印机。该项目已成为该校的教育用实验课程，为了让参与的学生都能重现该成果，从所有原材料及部件的采购地点，到每种原材料及部件的采购价格，都予以详细公开。

在印度，知识产权意识较为深入人心，似乎与日本的"造物理念"较为接近，故"山寨"之虞较少。不仅如此，日本与印度在产业领域方面也属于互补关系，因此有形成真正战略伙伴关系的前景。

"从零开始海外就职"的时代已然来临

所谓"全球化'人财'"，不仅指来到日本的海外人才，像身居海外的优秀日本人，以及海外的"日本通"，都属于其列。印度有"NRI"（Non-residential Indian，非居住印度人）一词，其指离开印度本土、在海外各地工作发展的印度人。据说，美国的医生和开发宇宙的NASA职员中，有将近3成是印度人或印度裔。由此可推，到2030年，NRJ（Non-residential Japanese，非居住日本人）的时代或许会到来。

在以泰国为代表的东南亚以及印度，其实已经有不少日本人在当地工作和创业。如今，这逐渐成为一种趋势。换言之，"从零开始海外就职"的时代已然来临。纵观最近的日本年轻人，真正优秀的往往会在高中毕业后前往国外的名牌大学深造。事实上，也有不少高中生找到笔者，咨询志愿填报和人生规划。笔者从中发现，越是年轻人，反而越对日本当前的处境抱有危机感。在不久的将来，日本或许会遭遇与印度"人才外流"（Brain Drain）类似的困境。随着日本的人口减少，"劳动力卖方市场"的论调抬头，可在那之前，却又无法在"质"和"量"方面确保"优秀'人财'"。到2030年，该矛盾恐怕会进一步激化。

鉴于AI技术的不断进步，也有人认为"在2030年以后，劳动力需求会持续下降"。即便如此，如何获得能够灵活应用AI和IoT、发起新产业变革的高质量"人财"，依然是日企亟待解决的艰难课题。所以说，对于日本将来的危机感，并无法拭去。

那么，对制造业而言，应制订何种战略呢？答案正是"全球化战略"。即"灵活利用海外'人财'"和"在海外确保优秀的日本'人财'"。纵观日企在IT领域的业务处理方式，其往往"据点在日本，规格说明书是日文，交流沟通用日语"，这让印度的IT技术人员嗟叹。不管是委托开发书还是系统说明，日企总是习惯于全盘日语，这或许也导致了日企在推进全球化方面落后于人。

此外，诸如系统搭建等作业，不少日企都是外包给欧美或中国的IT公司去做，但其实这些业务往往又被层层转包给了印度的IT公司。所以说，日企若再不改变处事方式，便无法应对数字化革命的激流。面对2030年全球化制造业的激烈竞争，日企如何与"IT大国"印度打交道和建立合作关系，可谓刻不容缓的课题。

6-5 利用"数字化风口"的全球化制度构建战略

随着数字化革命的推进，日本之前所擅长的"综合型制造业模式"已跟不上时代潮流，这让日本制造业陷入危机的阴霾日益加重。之前作为隐性知识而存在的"匠人手艺"逐渐数字化，之前唯有依靠综合型制造业模式才能实现的生产，也逐渐被模块化所取代。对此，应基于3大视角，思考对策。

第一，顺应"数字化革命"的大潮，从制造业向服务业转型，俗称"制造业服务化"；或者向更为广义的"综合型制造业模式"转型。如果说"具体实现顾客需求"是综合型制造业的本质，那么"服务"便是其终极形态，"满足顾客，尽心尽力"便是其极致所在。这种将"造物"与"服务"的融合，本书前文中已有所阐述。而若能站在数字化的"风口"，便有望取得具体的突破。如今，诸如"智慧城市"等下一代城市开发项目日益受到有识之士的关注。而日本的"综合型制造"传统应该能在这样的次世代领域迎来第二春。

第二，不仅限于上述那种个别领域的综合模式，而是超越国境的"跨国性综合",这或许才是今后的热点。日本先前一味推进面向国内的综合模式,结果导致不少领域陷入"加拉帕戈斯化"[①]。若能将这些领域的技术潜能释放,与海外产业进行联通,则前景巨大。换言之,找寻和发现海外课题,然后利用自身既有技术,实现全新的"跨境型革新"。这可谓"新时代综合技术"的另一大前景。

第三,对于AI的进化与新职业的展望。最近笔者常常听到"有多少多少职业会被AI所代替"的论调。如今,通过修正《出入国管理及难民认定法》等措施,日本开始放宽对外国劳动者的入境限制。可到了2030年,AI又会大幅代替人力,届时是否就不需要外国人才了呢?相关的问题目前成了讨论热点。但若着眼于"综合型制造业"的本质,便可知其"旨在实现顾客的需求,满足顾客的欲望"。而若以这样的初心去看问题,便能发现"不一样的风景"。关于AI的进化,常常被提及的是供给方和生产方所涉及的领域。可对于需求方和消费方,自然亦不能忽视。随着人口的不断减少,日本将迈入深度老龄化社会,面对这前所未有的危机,"如何创造新的需求关系"是关键。鉴于此,想单纯依靠AI来解决人口减少的问题,恐怕非常困难。

2030年可谓"智能制造"的时代。届时,整个产业都会以IoT、AI和数据科学(Data Science)的全面铺开为前提,各企业

---

① Galapagosization,即封闭化、孤岛化。——译者注

和产业将不再拘泥于既有业态,而是积极进军新业务、新领域。尤其是"新产业价值链的构建",可谓前景无限。如此一来,凭借新兴亚洲的巨大市场,使"构建新的国际价值链"成为可能。尤其对骨干企业和中小企业而言,这可谓摆脱"外包承接商"身份而成为独立制造商的机会。借助 IT 技术,使开源创新产生"爆点",不断扩大,从而加速整个产业的发展。

迄今为止,笔者参与了将近 50 个项目,以"实践示例"(Hands-on)(针对具体项目的定制化咨询支持)的方式提供支持。所有项目都属于创业或二次创业,且皆着眼于全球化的社会体系结构。换言之,纵观成功的企业,无论是规模甚微的初创企业,还是中小企业,都把"改变世界"作为出发点。鉴于此,之前一直只承接外包业务的日企也好,日本大企业的外包业务部门也罢,通过开源创新,想必能构建全新的全球化价值链。

下面,具体针对第一产业(农业等)、观光旅游、医疗(旅游)、Cool Japan 战略[①]等领域,探讨其业态转型及事业拓展的前景。

第一产业

该领域的终极目标是"24 次产业化"。其出自"第一产业"דd第二产业"דd第三产业"דd第 4 次产业革命"="24

---

① Cool Japan 是日本政府为了提升日本文化的海外影响力并促进日本经济发展的政策总称。——译者注

次产业化"。将农业、制造业和服务业相乘的"6次产业"概念曾一度火热。而再包括利用 IoT 和 AI 的第 4 次产业革命,便乘得了"24次产业化"的结果。与"6次产业"相比,以几何级数暴增的生产力,再加上"24小时不眠不休"(IT技术不需要休息)的比喻意味,使"24次产业化"成为如今的热词,而对于农业和渔业,它应该能够带来根本性的变革。该第一产业关乎人类的三大生存欲求——"衣""食""住",可谓不可或缺之基本。可以预见,到了 2030 年,全球人口会暴增,资源争夺战亦会激化。而在那之前,人类凭借 IoT 和 AI,应该能实现高产能、大规模、高效率、高品质的生产方式。

问题在于"谁去做"。笔者认为,日本是资格充分的"人选"。诸如"高级海水鱼陆地养殖""昆虫工厂"以及导入传感器自动搬运的"完全人工的次世代养蚕项目"等,虽然这些日本国内的 IT 导入案例都旨在单纯"代替劳动力",但凭借相关技术积累,便有望将新兴亚洲这种发展农业、渔业的"理想之地"变为全新的生产据点。

关注新兴亚洲的当然不光有日本,以中国为代表的新兴国家已然将精密农业技术引入亚洲各地,显然是瞄准了技术领域。比如从 2018 年春起,中国的阿里巴巴集团开始向泰国农村提供"智能农业"的相关技术,从而助力提升当地农业产能。这种深入当地的举措,使其在一步步地切实掌控相关市场。此举与日本的食品安全保障问题直接相关,但无论如何,到了 2030 年,新型智能制造竞争的主战场或许不再是单纯的"制造业",而是这种"24次产业"。

观光旅游

在观光旅游领域,利用大数据来招揽入境游客的举措正在计划实施,但若限于日本国境范围内,则很难取得具体的有用数据。以来过日本的游客为对象,哪怕取得再多的数据,也存在巨大偏差。按常理来说,"如何让游客在自己国家内考虑出境游时选择日本"才是不可或缺的信息,但在日本国内很难收集到这些相关数据。进一步来讲,就是应该"处于争夺国际游客的竞争中心",而非在日本国内"守株待兔"。

医疗

日本的医疗旅游等项目也是典型的"雷声大雨点小"。其症结在于"过大的制度鸿沟"。一方面日本的医师法规定了医生的应征行医义务,再加上全民健康保险制度以及对医疗过失的责罚风险等,如此大量的课题,最终使得日本的医疗旅游项目遭受挫折。但另一方面,以东京奥运会、残奥会和大阪·关西世博会为契机,在大量入境游客中,势必会出现需要在日本的医院接受治疗的患者。再加上《出入国管理及难民认定法》的修订和《日本复兴计划》中提出的"在2020年底前达成'30万留学生计划'"的纲要等,都会导致外国劳动者和留学生的增加。总之,这些方方方面面的因素都会使得外国人使用日本医疗机构服务的机会激增，因此"如何采取相关对策"可谓紧迫课题。

比如，以埃博拉出血热为代表的高危热带感染症患者进入日本国内的风险概率会明显提升，包括"强化边境检疫机制"等一系列初期预防措施如果不到位，其后果显然是致命的。这种"以守（预防）为主的国际医疗体制"与人们较为熟悉的"以攻（治疗）为主的国际医疗体制"有所不同，但二者皆有完善的必要。可目前出人意料的问题在于，纵观日本首都和大城市之外的地区，相关手段和机制则较为落后。

就拿国际交流手段——英语来讲，医师受过高等教育，因此一般不存在沟通问题。可对其他医疗从业者而言，英语沟通却是较大的负担。但正所谓"危机即机遇"，这样的状况也带来了巨大商机。比如位于"印度硅谷"班加罗尔（Bangalore）（以前称Bengaluru）的"班加罗尔Sakra国际医院"（Sakra World Hospital Bangalore），它由安防公司西科姆（SECOM）和丰田通商会社合作运营。若想如此在海外拓展医疗业务，就需要积累实践经验，比如毅然收购海外医院等。通过这种"兼顾内外"的商业攻势，面对全球化医疗关联产业（包括医疗生化）这片不断拓展的领域，日企参与的前景也会愈发广阔。

Cool Japan战略

说到Cool Japan战略，目前的推进形势不容乐观。究其原因，最大的问题在于"脱离现实",即面对各国的现实需求和课题,缺乏"获取当地第一手信息"的机制。尤其对于"诉诸感性"的产品和服务而言,"对课题及需求的挖掘"不可或缺。

攻略新兴国家市场的 3 种能力

2030 年可谓业态转型的目标年。不仅是农业、渔业等第一产业,包括对外输出医院医疗、消防服务等,各个领域皆具前景。那么具体该怎么做,才能让在日本国内已经获得成功的业态在海外得以拓展呢?其答案在新兴亚洲市场中。

纵观新兴亚洲地区,其原本就缺乏完善的规章制度和长期的商贸关系(派系),即便存在一些规则,其强制力也较弱;即便存在一些联系,其关系网也较浅。因此完全可以利用这片新天地,来加速向新业态的转型。但若不进行实地考察,不亲身感受当地氛围,恐怕无法真正理解该理念。具体来说,包括"课题发现型进驻""利用'制度空隙'打造现地支持业务模式""先试水新兴国家市场,后打入发达国家市场的'逆向创新'(Reverse Innovation)"等。总之,新兴国家市场可谓实现"跨境型革新"的"手段"。

而要想成功,则需要 3 种能力的加持。它们是"发现各地区课题的能力(课题发现力)""解决相关课题的能力(课题解决力)"以及"打造可持续机制的能力(可持续发展力)"。依次发挥这 3 种能力,便能基于超越国境的"跨境型革新"理念,使商

业项目成形。(图6-4)

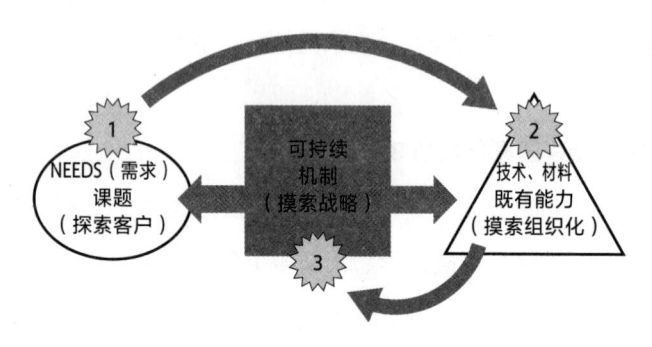

图6-4　新兴国家市场的商业项目成形方式

上述3大推进过程意义重大,其与全球化经营论中的交互国际化(metanational)息息相关,亦与创新论中的"JTBD(Jobs To Be Done)理论"[由因《创新者的窘境》一书而名声大振的克莱顿·克里斯坦森(Clayton M. Christensen)提出]殊途同归。由于流行趋势和各国企业的不同,全球化经营会呈现各自的特征。比如让对象国分公司全权自主管理的"国际化多元经营模式",又比如像可口可乐公司那种全球统一化管理的"全球统一化经营模式"……除此之外,诸如超越国境、强调协作的"跨国性经营模式",以及俯瞰全体的"交互国际化经营模式"也会日益成为主流。

尤其是交互国际化经营模式,其特点包括"致力于各国的商业项目成形""在把握具体课题的前提下开展商业活动""关注各国的课题和需求"等。而这些特点与克里斯坦森所提倡的"创新方法"以及"顾客希望雇用商家来满足何种需求"的"JTBD理论流程"亦有共通之处。

因此，上述"课题发现力"和"课题解决力"通过结合，便能催生出可持续发展的机制（创造商业模式）。若能顺利实践这"三步走"，就能在新兴国家市场成功打造商业项目。于是乎，日企在海外二次创业，再造"1兆日元企业"亦不再是幻想。

日本所处全球环境的变化

日本所处的全球环境正在急剧变化。其分水岭在2011年，即东日本大地震和泰国水灾发生的那年。这样的重大灾害，造成了划时代（epoch-making）的深远影响。自不必说，在那个时间点后，全球经济环境和结构已不同以往。下面稍加详细说明。

如表6-3所示，日企全球化战略和海外业务拓展的形态随着时代而变化。要展望2030年，就需要理解之前历史的来龙去脉。

第一个巨大变化是1985年的"广场协议"签订后（图6-5），日本至此放弃了对汇率的介入，并大幅缓和及放开了原有的一系列贸易保护性限制，迈入了"第二次开国"的时代。从那之后，日元不断升值，以中小企业为代表，越来越多的日企开始进军海外。当时形成的全球化供应链，便是如今位于亚洲的日本海外制造业网络的基础所在。但其终究是日企之间的关系网，是将日本国内的业务外包关系延伸至海外的体制。

表 6-3 国际经营的变化

时代区分	1953—1973年	1973—1985年	1985—2011年	2011年至今
成长轨迹	高度成长	稳定成长	泡沫·失去的××年	工业4.0
国际竞争	布雷顿森林货币体系	区隔化竞争	大竞争时代	大协作时代、新中世纪主义
汇兑、金融	固定汇率制度	管理通货制度	浮动汇率、日元高位	金融科技区块链
产业结构	企业体系形成	企业体系成熟	企业体系向海外拓展业务	开源化 扁平化
进军海外的形态	活跃于东南亚的日本商人	垂直型、系统型	垂直型·系统型海外拓展	水平型、交叉连锁型
国际经营潮流	多国化 ※各国特征各异	国际化 ※各国特征各异	全球化 ※各国特征各异	跨国性经营 交互国际化经营 全球化2.0

［出处：参照 Doz 等人合著的著作（2001）等资料］

| 1985年"广场协议"签订后 | 垂直（纵向）协作="体系"：亲子关系（供应链） |
| 2011年 两大灾害发生后（东日本大地震，泰国水灾） | 水平（横向）协作="交叉"：兄弟关系（供应网） |

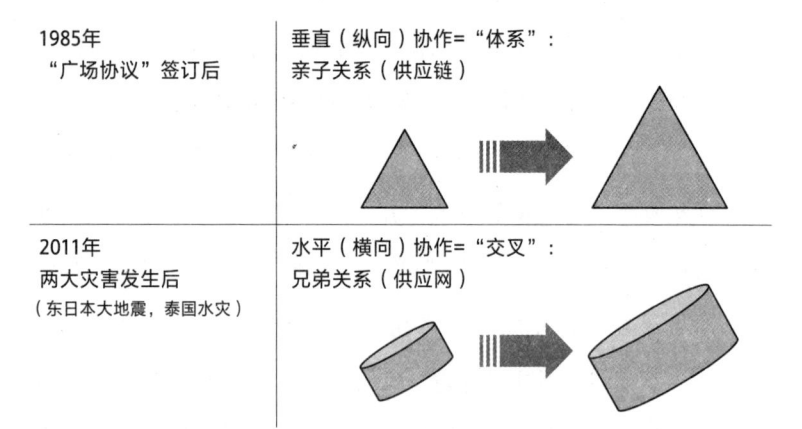

图 6-5 海外业务拓展的变化

298

而 2011 年的东日本大地震和泰国水灾则暴露出这种全球化制造业网络在维持和扩张方面的局限性。同时，中国及东南亚生产环境的变化、薪资水准的上涨、生产管理能力的提高、物流及基建的完善，以及其背后中产阶级的崛起，都标志着新兴亚洲地区已从先前的"生产据点"转变为"市场"。而在 2015 年后促进该进程加速的，便是本书的主题——"数字化革命"。

说到"数字化"，不少日企认为就是把之前人工操作的生产管理系统转为数字化。但正如本章所指出的那样，若仅止步于此，则算不上"革命"。笔者已强调多次，从以"人"为主体的生产现场，转型为以"IT"为主体的生产现场。这种整体化的全面结构转型时代，将在 2030 年到来。

为此，需要对战略进行诸项确认。截至 2011 年的"日本型生产系统"基于"价值创造"和"价值再分配"两大目的，可谓"一鱼两吃"式的机制。换言之，其既提供工作岗位和一部分所得保障，同时也追求价值创造。

与之相对，若要彻底专注于价值创造并保证再分配，就必须向相应的机制进行转型。围绕此领域，如果无法开展冷静理性的讨论并实现生产系统的全面换新，日本制造业恐怕会落后于世界。假如只满足于依靠 IT 技术去追求数个百分点的效率提升，那后果将是致命的。可见，日企必须以"社会性共识"为前提，基于 IT 视角，全面转变企业的生产结构方针。

要想实现该新动向，就需要在全球范围内拓展业务，尤其应着眼于"新兴亚洲地区"。笔者一直主张"将新兴亚洲作为方法对象"。而在实施这种结构转型时，"革新悖论"将会成为障碍。究其原因，并非是经营战略和现状分析的局限性问题，问题反而出在"合理发展的结果"之中，即"日本国内无法应对数字化革命"。

日企通过进军海外，便从之前的"硬性规定"和"看板体系"中解放了出来。特别是对IT技术的利用进一步加速了这种趋势。那些原先满足于区隔化竞争的日企（尤其是骨干企业和中小企业）一旦进军海外，便能在束缚较少甚至没有束缚的全新自由环境（greenfield）中大展拳脚。顺利的话，甚至还能成为行业新制度的制定者。

前面提到的率先在泰国生产"水上漂电动汽车"的FOMM公司，其采取的战略方针催生了首个与"紧凑型EV"这种新电动汽车类型相关的行业制度。在那之前，对于电动汽车，泰国业内的印象和概念无外乎"20世纪70年代的高尔夫球车"，而FOMM公司则在该领域注入了"新紧凑型电动汽车"的概念和品类。其背后的前景广阔，不但可作为将来市内方便舒适的代步工具，还为未来的自动驾驶技术提供了运行载体。

新兴国家，尤其是迈入中等收入水平的国家，其追求新技术，且旨在加速大面积应用推广。而广大日企所具备的条件与其一致，因此势必受到欢迎。鉴于此，日企必须摒弃"先在日本国内进行实证，待确立技术优势后再进军海外"这种 20 世纪风格的陈旧理念，而应"从零开始海外业务""从零开始在海外社会应用推广"。

之前那种"先在日本国内进行实证"的理念只会让难得的"技术王牌"沦为"加拉帕戈斯化"，无法带来颠覆式创新。此外，在人口减少的社会内，即便反复进行实证，也难以触发足以改变世界的"市场爆点"。要想摆脱日企实践方式中的这种两难处境，"将新兴亚洲作为方法对象"以及"基于方法的海外扩张"可谓方策。在 2030 年到来前，日企不应只限于"基于目的的海外扩张"，而有必要实现"基于方法的海外扩张"。而"数字化革命"作为实现该目标的辅助手段，对于其重要性和冲击性，则需要各家日企从自身情况出发，进行深刻且反复的思考。

6-6 如何行动，结果如何？

最后，笔者想着眼于2030年的国际动向，对日企海外业务拓展支援活动的理想形态予以归纳总结。

首先，对于前面论及的"初创企业时代的全球化业务拓展""天生全球化（Born Global）企业"以及"日企在新兴亚洲地区的二次创业"，应该灵活利用较完善的既有公共支援体系。比如一说到初创企业，不少专家和机构总是满嘴"风投"（Venture Capital）"加速器"（Accelerator）之类的时髦洋词儿。但在日本，其实应该强调的是"如何利用既有的技术和知识储备"。有关创新的政策兹事体大，倘若盲目崇洋，动不动就"欧美如何如何"，无视本国国情，一味照搬欧美发达国家的政策，则不甚靠谱。

政府与民间共同出资创建的投资基金曾在日本一度流行，但其成效却难言显著。此外，"全日本联盟组织的困局"[①]亦是深刻

[①] 日本曾一度流行组建以"All Japan"（全日本）为抬头的各种联盟组织，涵盖商界、产业界，乃至职业运动界，但大多数非但没有起到振兴行业的作用，反而让相关行业和圈子更加死气沉沉。——译者注

教训——随着企业联盟的推进，反而带来了"劣币驱逐良币"的效果。"大家同乘一条船就不害怕了"，抱有这种胆怯的想法，自然难以发挥企业家精神。若具备真正勇于进取的企业家精神，则不但不会盲目"抱团"，反而会"先下手为强"，积极投身于新兴国家市场这片富有强烈"创新磁场"的自由新天地。"如何与海外直接建立联系"，这可谓速度的竞争，因此"包袱较轻"的骨干企业和中小企业在"从零开始海外业务"方面最能取得成效。

对于日本政府的海外业务拓展支援预算，其存在若干种灵活利用的方法。日本政府及外围团体所提供的"支援方案"总计已将近 150 个。除此之外，还能找到数种其他的支援制度。笔者希望日企能够灵活利用这些方案，从而实现海外创新及"跨境型革新"。

在美国，大学主导创新的案例较多。在"产学联合"等方面，美国也给人以"大学的 SEEDS（技术、材料）一下子改变社会"的印象。但在日本，与"发起创新"相比，大学更多被赋予"科学认证技术和功能"的传统权威职能。在日企拓展海外业务方面，"科学认证"亦很重要。尤其像功能性保健食品等日本引以为傲的生物科技产品，要想确保其市场优势，科学认证必不可少。大学作为检验"可再现性（无论实验重复几次，都能得出相同结果）"的科学机构，应该持续在这样的实证领域做贡献。而作为企业，则应推进相关的应用领域。

"新中世纪"的图景

畅想21世纪30年代，其也许会呈现一幅"新中世纪"的图景。不同于之前那种以国民、国家和国民经济为前提的国际秩序，而是地区性产业相互交叉，通过"本地与本地"（Local to Local）、多国籍企业、NGO（Non-Governmental Organization，非政府组织）、NPO（Non-Profit Organization，非营利组织）以及以大学为核心的"国际产学联合"等方式和组织，让多样化的主体各自合纵连横，就如曾经的中世纪欧洲一般，故可称其为"新中世纪"。对于日本国体，以前有"商人国家"和"工商阶级国家"[①]的提法。对于这些基于"通商国家论"的理念，笔者认为，日本今后仍会保持"商人国家"的性质，但扮演获取需求信息的"包打听"角色的重要性会日益显现。日本近江商人的"三方皆利"思想（对卖方、买方、社会皆有利的营商理念），应该最能被外国人所接受。

若将上述"全球本土化"（glocal）思想展开讨论，则可以预见2030年会是一个"都市间竞争"的时代。届时，全世界的创新人才会为了找寻各自的活动地点而游历全球。之前那种招商引资，请来企业，并"以企业为核心建造城市"的传统模式将再无意义。取而代之的是如何网罗游牧民化（nomad）创新人才的

[①] 对于国家主体的理念，日本从战前"军事主导的武士国家"转型为战后"经济主导的工商阶级国家"。——译者注

"抢人竞争"。而以聚集的创新人才为核心，超越国家和地域的共创型、跨境型初创企业会不断出现。亚洲型独角兽企业在该地区"阔步"，这或许便是2030年的图景。

监修者简历

松林光男（MATSUBAYASHI MITSUO）

WAKU咨询公司（株）董事长，高级咨询师，工程师（经营工学），曾任东邦学园大学经营系教授

毕业于早稻田大学理工学院。曾在日本IBM（株）从事生产管理和技术管理系统构建、生产管理业务、CIM企划、经营支持、咨询服务等工作。后历任SAP日本（株）生产管理咨询总监、行业解决方案总监。后加入JBC（Japan Business Create）株式会社，从事ERP及SCM咨询工作，任常务董事。2003年1月，设立WAKU咨询公司（株），致力于ERP/SCM领域的咨询业务。

著有《CIM战略：IBM藤泽工厂的挑战》（与他人合著，工业调查会）、《CIM构建指南》（与他人合著，工业调查会）、《次世代生产管理系统的构建及运用》（与他人合著，Urban-produce）、《ERP入门》（与他人合著，工业调查会）、《ERP/供应链的成功法则》（与他人合著，工业调查会）、《ERP导入管理》（与他人合

著，IPA/ INES 株式会社)、《SCP入门》(与他人合著，工业调查会)、《工厂的机理》(编著，日本实业出版社)、《智能工厂的机理》(监修，日本实业出版社)等。

专业领域：SCM、业务改革、IT改革、ERP/SCP、工厂管理、生产管理

执笔本书前言

作者简历

竹内芳久（TAKEUCHI YOSHIHISA）

WAKU 咨询公司（株）高级咨询师

毕业于早稻田大学理工学院工业经营专业。曾就职于日产汽车（株），先后从事生产管理、生产技术、制造部门的相关工作（包括 IE、生产/工序管理系统开发、日产生产方式推进等）。之后入职美国 HONEYWELL（株），担任日本工厂长，以"Honeywell Operating System 构建及推进负责人"的身份推进业务改革。之后入职 JIS（Japan Industrial Solutions）株式会社，对所投资的制造商提供价值提升（Value Up）方面的支持。从 2018 年起，成为 WAKU 咨询公司的合伙人。

著有《日产磐城工厂的挑战》（日本能率协会）、《生产销售统合型信息系统》（与他人合著，日科技联）、《智能工厂的机理》（与他人合著，日本实业出版社）等。

专业领域：生产管理改善（方针管理、PDCA、组织改革、生产系统等）、现场改善（提升产能、削减库存、降低成本、改善物流等）、业务流程革新（构建 SCM 系统、工序管理系统、调度系统等）

执教经历：曾任骏河台大学和东京信息大学外聘讲师（生产管理论）

执笔本书第 1 章、第 2 章、第 5 章

川上正伸（KAWAKAMI MASANOBU）

WAKU 咨询公司（株）高级顾问

毕业于鹿儿岛大学工学院电气工学专业。曾在日本 IBM 藤泽工厂从事生产管理和生产技术方面的工作（包括生产计划、部件计划、库存管理、供需管理、生产管理系统开发等）。后在日本 IBM 咨询事业部，以"IBM 认证高等咨询师"的身份，向制造业客户提供业务改革方面的支持。其从事的 IBM 商业咨询服务具体包括企业内部商业流程构建、事业战略制订、销售运营、年轻人才培养、人事综合事务等。2006 年加入 WAKU 咨询公司，先后担任常务执行干事和副社长执行干事。2017 年起担任现职至今。

著有《智能工厂的机理》（与他人合著，日本实业出版社）。

专业领域：业务流程革新（构建 SCM、缩短供应链 LT、削减生产・流通库存）、生产力强化（改革生产管理业务、重构生产管理系统、实施现场改善活动、缩短生产 LT、削减库存、提高交货期遵守率）

执笔本书第3章、第4章

松岛大辅（MATSUSHIMA DAISUKE）

长崎大学教授

担任大阪府特别参事、泰国公共法人互助论坛协会（OTAGAI Forum Association）共同代表理事等职，并历任泰国工业部顾问及各种团体理事。毕业于东京大学经济系（毕业论文获特选奖），后进修为哈佛大学硕士。1998年入职日本通商产业部，从事涉及各产业的立法筹备工作，2006至2010年常驻印度德里。2011至2015年，以"泰国政府国家经济社会开发委员会政策顾问"的身份常驻泰国曼谷。其发起和参与了各种新规政策项目，包括德里·孟买工业走廊（Delhi-Mumbai Industrial Corridor，DMIC）构想、泰国公共法人互助论坛协会（OTAGAI Forum Association）等，并通过与当地产业界、政府、学术界的沟通交流，为1000多家企业提供了"新兴亚洲地区商业活动"方面的支持。在致力于"发现"日本企业（尤其是中小型地方企业）潜力的同时，以"系统缔造者"的身份，针对"如何为日企的海外业务拓展提供支持"等问题，为日本政府出谋划策。在与各国政府和财阀的交涉过程中，其深切体会到"日本严重缺乏次世代全球化人才，今后无法在海外展开竞争"的现实问题，于是在回国后辞官。从2015年10月起在长崎大学执教，旨在开展真正的"全球化'人财'"培养事业。与此同时，其还在推进相关领域的研究，包括

"全球化企业家培养的体系化""跨境型革新的理论化"等。旨在让日本的地方骨干企业和中小企业能够解决海外各地域的具体课题，并不断开展打造商业项目的实践活动。

著有《空洞化的谎言》（讲谈社），此外有大量论文、撰稿和国内外演讲。

专业领域：跨境型革新、全球化经营、全球化企业家培养、产业地缘政治学、全球化初创企业

执笔本书第6章

译后感　突破桎梏，实践转型

本书由 WAKU 咨询公司的数名专家及长崎大学的松岛教授共著，旨在展望近未来（21 世纪 30 年代）的"数字化产业革命"。其以回顾过去、分析当下、预测将来的方式，为日企以及日本未来的人才国策指出了一条出路。

得益于作者们的专业领域和从业经验，本书涉及供应链、价值链、MRP、ERP、CIM、RPA、工业 4.0、初创企业等诸多热点，且对于它们皆有图文并茂、深入浅出的分析，并加以实际事例和案例，让读者能够拥有整体至局部的概念和认识。

本书虽然以日本制造业为对象，但对其他国家的制造业而言，亦有较大的参考价值。尤其对中国这样的新兴发展大国而言，通过本书，既能对发达国家制造业的短处和陷阱做到"引以为戒"，又能借鉴其面向数字化时代的制造业体系和生产方式，实现"弯道超车"。

而最可圈可点的，是本书的"鲜活性"，其不同于纯粹基于理论的侃侃而谈，作者们都是相关行业内摸爬滚打出来的真正专家，拥有大量的第一手经验和知识，因此其所述内容的实用性颇高。通过阅读本书，不仅能对日本制造业的发展轨迹拥有较为全面的认识，还能从各种展望未来的理念中得到启发，从而应用于当前中国制造业乃至各类企业的生产管理和系统构建活动中。

周征文

图书在版编目（CIP）数据

未来制造业 2030 /（日）松林光男监修；（日）竹内芳久，（日）川上正伸，（日）松岛大辅著；周征文译 . —北京：东方出版社，2023.1
ISBN 978-7-5207-3032-7

Ⅰ.①未… Ⅱ.①松…②竹…③川…④松…⑤周… Ⅲ.①制造工业－工业发展－研究－日本 Ⅳ.① F431.36

中国版本图书馆 CIP 数据核字（2022）第 197596 号

MANUFACTURE 2030 MIRAI NO SEIZOGYO written by Mitsuo Matsubayashi,
Yoshihisa Takeuchi,Masanobu Kawakami,Daisuke Matsushima
Copyright ©2019 by Waku Consulting Co.,Ltd.ALL rights reserved.
Originally published in Japan by Nikkei Business Publications,Inc.
Simplified Chinese translation rights arranged with Nikkei Business Publications,Inc,through Hanhe International(HK) Co.,Ltd.

中文简体字版专有权属东方出版社
著作权合同登记号 图字：01-2021-1837号

未来制造业 2030
（WEILAI ZHIZAOYE 2030）

监 修 者：	［日］松林光男
作　　者：	［日］竹内芳久　［日］川上正伸　［日］松岛大辅
译　　者：	周征文
责任编辑：	刘　峥
出　　版：	东方出版社
发　　行：	人民东方出版传媒有限公司
地　　址：	北京市东城区朝阳门内大街 166 号
邮　　编：	100010
印　　刷：	北京明恒达印务有限公司
版　　次：	2023 年 1 月第 1 版
印　　次：	2023 年 1 月第 1 次印刷
开　　本：	880 毫米 ×1230 毫米　1/32
印　　张：	10.25
字　　数：	174 千字
书　　号：	ISBN 978-7-5207-3032-7
定　　价：	58.00 元
发行电话：（010）85924663　85924644　85924641

版权所有，违者必究
如有印装质量问题，我社负责调换，请拨打电话：（010）85924602　85924603